カオスの社会史

高橋和雅【著】
Kazumasa Takahashi

戦間期シカゴの
ニアウエストサイド界隈

Chaos within Everyday Life

彩流社

目次

凡例

1　本文は縦書きとし、註は書名などに欧文表記が多いことから横書きとした。註は一括して本書の最後にまとめた。

2　章は「第○章」の○部分を算用数字で、節は算用数字で、節内の項は（　）を付けて算用数字でそれぞれ表記した。

3　本文中の数字表記には「十」「百」「千」を使用せず、「一〇」「一〇〇」「一〇〇〇」を用いた。ただし、「数十」「数百」「数千」といった多数を表現する単語に関しては、そのままの表記を用いた。なお、図表における数字表記はその限りではない。

4　人名、組織名、地名などの固有名詞の表記は、原語の発音に基づくカタカナ表記を用いた。原語綴りについては、人名、および本文中に頻出するような主要なものに限り、初出の段階でカタカナ表記の後ろに（　）を設けて記した。本文で示さなかった原語綴りについては、索引にそれぞれ記した。

5　本文中の直接引用文において、引用者が内容補足のために付記した語句については、［　］で囲んで示した。直接引用文の途中を省略した場合は［中略］と記した。なお、引用文中の傍点は、引用者による補足的な強調である。

6　註の欧米語文献については、シカゴ・マニュアルに準じて記載した。

7　索引は横書きとし、原語綴りについては、該当事項の後ろに（　）を設けてそれぞれ記載した。

はじめに

1　ストリートからの問い

アメリカ合衆国（以下、アメリカ）の大都市シカゴの一画、都心部からすぐ南西の辺りに、サウス・デスプレーンズ・ストリート（South Desplaines Street）という通りがある。高速道路の脇を走る、普段は人通りもまばらな通りだ。だが、二〇二〇年現在、このストリートの一部は、週末毎ににわかに活気づく場所として知られている。なぜなら毎週日曜、その場所で、決まってちょっとした路上マーケットが開かれるからである(1)。

開催の日曜日になると、距離にしておよそ二〇〇メートルほどの路上に、ワゴンや移動販売車の露店が並ぶ。店頭に積まれる商品は様々だ。トマトやジャガイモ、スイカ、唐辛子、あるいはアフリカ原産の豆類タマリンドやキューバ産の果実であるマメイといった生鮮食品の数々はもちろん、ジャケット、ジーンズ、カーキ色や迷彩色の軍服など製造メーカーは不明だがとにかく安い衣料品類、靴ひもやベルト、木彫りのアクセサリーやレスラーマスクといった大なり小なりの服飾品類、さらにはタコスやタマルといったメキシコ風の軽食類等々、安価でバラエティに富んだ品々が店先を彩る。そして、路上マーケットを訪れる人々は、そのなかから掘り出し物を「発掘」すべく、露店を巡り品定めをする。こうした様相の路上マーケットは、シカゴ市の認可のもと「マックスウェル・ストリート・マーケット（Maxwell Street Market）」という名称で運営され、夏でも冬でも変わらずこの一帯に賑わいをもたらしている。

しかし、考えてみると、なぜサウス・デスプレーンズ・ストリートを日曜毎に盛り上げるこの路上マーケットに「マックスウェル・ストリート」の名が冠されているのだろうか。一体なぜ、サウス・デスプレーンズ・ストリートから見てやや南西に位置する、今はほとんど原形の残されていない古い通りの名、すなわち「マックスウェル」が使われているのであろうか。それを知るには、マックスウェル・ストリートおよびこの路上マーケットが辿ってきた、紆余曲折の歴史を知る必要がある。

マックスウェル・ストリートは元来、都心部西方のニアウエストサイド地域を走る、東西二キロメートルほどの短いストリートであった。元を辿れば、一九世紀中頃、シカゴ川の西岸が木材集積場として利用され始めた際、そこへ続く道として整備されたのが始原であるという。シカゴの最初期の入植者であった医師フィリップ・マックスウェル（Philip Maxwell）にちなんで、「マックスウェル・ストリート」と名付けられたその道は、時間とともに徐々に西へと伸長し、やがてシカゴ川からブルー・アイランド・アヴェニューまでを東西につなぐ全長二キロのストリートと化した。[2]

このストリートで件《くだん》の路上マーケットが始まったのは、一九世紀末のことだ。この頃までに、ニアウエストサイド地域は多様な移民の生活圏として発展しつつあった。とりわけマックスウェル・ストリート周辺には、多くのユダヤ系移民が暮らすようになっていた。[3] そんななかで、一部のユダヤ系移民たちは自宅の軒先を利用し、路上で生活必需品の売買や物々交換を行なうようになった。するとそこに、荷車を引く行商人も集まり出し、自発的な路上マーケットが生まれた。やがてこの路上マーケットは、東西に伸びるマックスウェル・ストリートの区間の多くを占めるまでに拡大し、一九一二年には「マックスウェル・ストリート・マーケット」としてシカゴ市の公認を得るに至った。そうして最盛期の一九二〇、三〇年代には、およそ四区画《ブロック》半もの間に露店が隙間なく連なるようになり、そこには連日多くの人々が行き交うようになったのである。[4]

一九五〇年を過ぎた頃、そうした状況に一つの転機が訪れる。シカゴ川を挟んで都心部のすぐ近くを走っていたマックスウェル・ストリートは、この時期の「都市再開発《アーバン・リニューアル》」をめぐる一連の動きに晒され、変化を余儀なくされたのだ。老朽化と共に貧困化した区域を「一掃」しつつ、都心部の活性化を目指して郊外からの交通路を整えようとする「再開発」の動きのなかで、マックスウェル・ストリートに最も直接的な影響を及ぼしたのは「ダン・ライアン高速道路（Dan Ryan Expressway）」の建設であった。「ダン・ライアン高速道路」は、シカゴの南郊外と都心部近辺を南北につなぐことを企図する高速道路であった。そしてその建設は、既存のマックスウェル・ストリートをちょうど縦断するかたちで計画され、進められた。結果として、マックスウェル・ストリートの中心部よりやや東、ジェファソン・ストリートからユニオン・ストリートまでの区間は取り潰され、同ストリートは文字通り「分断」されることとなった[5]。

だが、それでもマックスウェル・ストリートの賑わいが潰えることはなかった。「マックスウェル・ストリート・マーケット」自体は、規模を縮小しつつも残りの西半分で継続された[6]。これまで同様、露店が活発に展開されるなか、戦前からの評判を聞き及んだ人々も新たに足を運ぶようになるなど、同ストリートは喧騒に包まれ続けたのである。

状況が大きく変わったのは、一九九〇年代に入る頃だ。一九九〇年、イリノイ大学シカゴ校が、マックスウェル・ストリートのまさに中心部を含む一帯を買い取り、学生寮や競技場といった大学施設の建設にあてると発表したのである。それはすなわち、路上マーケットを全て撤去し、マックスウェル・ストリートの大部分を埋め立てるということにほかならない。当然ながら、計画には反発の声があがった。マーケットの行商人や地域のビジネス関係者、地域住民、常連客、歴史家らが連日のように現場に集い、抗議戦略として「ストリートの歴史的建造物の保存」を前面に押し出しながら闘ったのである。しかし、そうした抗議の声もむなしく、一九九四年八月二八日、シカゴ市の裁定に基づき「マックスウェル・ストリート・マーケット」はその場から撤去されることとなった[7]。

とはいえ、ストリートを守ろうとした人々の懸命の動きが、何ら成果を生まなかったわけではない。抗議活動を通して、路上マーケットの継続を望む声が地道に高まりをみせたことにより、「マックスウェル・ストリート・マーケット」は完全なる「閉鎖」を免れ、近隣への移転を勝ち得た。元のマーケットが撤去されたのと同日に、「マックスウェル・ストリート・マーケット」は、ダン・ライアン高速道路の東側にあるカナル・ストリート上へと移されたのである。路上マーケットに割り当てられる範囲の狭さや、行商人に対する販売登録料の新たな設定など、移転に伴う問題は少なくなかった。しかし、路上マーケットはここでも「新生」し、また新たに人々の賑わいを獲得し始めた。そして二〇〇八年の秋、道路整備に伴い、路上マーケットは近場のサウス・デスプレーンズ・ストリートに再移転する運びとなった(8)。かくして現在、「マックスウェル・ストリート」の名を引き継ぐ路上マーケットは、新たにサウス・デスプレーンズ・ストリートの一部となり、週末毎に一帯を活気づかせているのである。

実際に訪れてみると、「マックスウェル・ストリート・マーケット」のあるこの一帯は、確かに賑やかな空間だ。

見渡してみれば、まずきわだつのは、行き交う顔ぶれの「多彩さ」だろう。たとえば、このストリートでは様々な人種がすれ違う。露天商には、メキシコ系と思しき人々が多い。昨今の「マックスウェル・ストリート・マーケット」の代名詞となっているメキシコ料理の移動販売車では、メキシコ系の店員たちが料理の腕をふるっているし、ドクロの飾り物などを扱う小物屋にもそれらしき顔立ちの店番が座っている。しかし、そうかと思えば、服屋のワゴンを取り仕切っているのは複数人の黒人たちだ。そして、買う側の行列では、メキシコ系と黒人の双方が、あるいはそのどちらでもなさそうな人々が入り混じり、肩が触れ合うほどの距離で隣り合っている。

この多彩さは、人種の面に留まらない。見る限り、どこから来ているのかも千差万別だ。たとえば野菜売場には、自前の買い物バッグを片手に食材を買い出す、地域住民らしき女性たちがいる。また、同じく地域住民らしい軽装姿の人々のなかには、より近場から来たのかそれとも何かの行き帰りなのか、まったくの手ぶらで焼きトウモロコシだけを買って歩き去る若者もいる。他方、一眼レフカメラで熱心に撮影をくり返す観光客然とした人々もいるし、バックパックを背負った旅人もいる。この路上では、これらの人々が常に混在している。

加えて、顔ぶれの多彩さゆえであろうが、このストリートではそれぞれの人が思い思いに雑多なふるまいをしている。露天商たちはたいてい、客となる歩行者を見かけると、店の商品がどれほど安価で買い時なのかを勝手に説明し始める。その商品がただの石鹸でも電卓でも、まるで他では売っていない貴重な品々であるかのように語る。対して、露店をまわる買い物客は、適度にそれを聞き流しながら物色を続ける。

これらは路上マーケットならではの、売り買いにまつわるふるまいだが、しかしここではそれ以外の行為に勤しむ人も多い。たとえばよく見かけるのは、ブルースの弾き語りをするミュージシャンだ。たった一人で、エレキギターを抱えて気ままに路上演奏をする者もいれば、三人編成のバンドで本格的にライブをくり広げるミュージシャンたちもいる。あるいはスーツ姿のとある黒人男性などは、特に楽器を持つこともなく、スタンドマイクの前で歌とも朗読とも、叫びともつかない何かを発している。そうした音があちらこちらから響き渡るなかで、唐突に手を取り合って踊り出す青年と年配女性もいる。そうかと思えば、我関せずといった風情で、地べたに座ってたむろすティーンエイジャーたちもいる。その後ろを、スケートボードに乗った少年少女が過ぎゆく。またその傍らでは、ピエロに扮した男性が歩き回っている。何か芸をするでもなく、ただ闊歩するだけのピエロを、すれ違う人々は不思議そうに眺めている。

あるいは、そこがストリートである以上、ただ行き過ぎるだけの人も存在する。ある初老の白人男性は、辺りに幾分目を向けつつも、どの露店にも立ち寄ることなく足早に通り過ぎていく。サウス・デスプレーンズ・ストリートと並行に走る大通りホールステッド・ストリートから、気まぐれに回り道してきただけなのかもしれない。また、通りがかる者の中には、ホームレスと思しき人々もいる。サウス・デスプレーンズ・ストリートのすぐ脇には例の「ダン・ライアン高速道路」が通っており、両者の間は金網と金網で区切られているわけだが、その仕切られた細長いスペースには、多くのホームレスたちがテントやブルーシートを張って住み着いている。この人々は時折そこから出てきては、露店周りの喧騒にまぎれ、観光客らに何かを話しかけ、また金網の向こうへと戻っていく。こうして路上マーケットとある程度の距離を保ちながら、ストリートを行きつ戻りつする人々もいる。

このように、「マックスウェル・ストリート・マーケット」の一帯は、多種多様な人々が入れ替わり立ち替わり出入りし、それぞれに雑多なふるまいをくり広げる空間である。換言すれば、この路上マーケット一帯は「雑然とした場」である、ということができよう。この「雑然とした場」というのは、ともすれば、散漫で無秩序な空間に見えるかもしれない。騒がしいだけで意味やまとまりを持たない、社会の隙間に見えるかもしれない。しかしながら、この「雑然」としたストリートには少なからず「魔法」が息づいている、と評する声もある。[9] それは、ニアウエストサイド地域の歴史と文化に関心を寄せる国立公営住宅博物館（National Public Housing Museum）のある担当者が、地域情報サイト『ヴァモンド』（Vamonde）の誌上で発した評価だ。同担当者は、この「魔法」について、移転前の路上マーケット界隈から連綿と引き継がれてきたものであると解説を加えている。また、別の路上マーケット支援者はそれと同じことを、マックスウェル・ストリートの「魂」がそこにあるという言い方で表現する。[10] 要するに、評価者らの言をまとめるならば、この路上マーケット一帯にはかねてより通底してきた「雑然とした場」特有の「何か」がある、ということになろう。

では、この「雑然」としたストリートに遍在する「何か」とは、一体いかなるものなのだろうか。そこを行き交う人々の人生と、いかに関わるものなのだろうか。大都市シカゴの、ひいてはアメリカ社会のいかなる側面を表すものなのだろうか。そして、その「何か」がいずれかのかたちで時代毎に引き継がれてきたとするならば、それはいかなる歴史を物語るのだろうか。一見とりとめもなく、「雑然」と動き続けるストリートの光景は、思いがけずこうして新たな思索の可能性を呼び起こしてくれる。

これらの問いについて考える際、まず着目すべきは一九三〇年前後のマックスウェル・ストリートの様相であろう。実のところ、「マックスウェル・ストリート・マーケット」を含む一帯で「雑然」の色が濃くなり始めたのは、一九二〇年代半ばから一九三〇年代半ばにかけての時期だといえる。この時期、成長して規模を増した路上マーケットには、これまでになく多様な人々が出入りするようになっていた。かねてからのマーケット利用者であるユダヤ系移民だけではなく、地域の新参である黒人たちもそこを行き来するようになり始めていたし、評判の路上マーケットを見物に来る観光客や、大不況下で職を失い、日銭を求める失業者なども流れ込むようになっていた。その具体的な内実については後ほど改めて検討するが、一見して、マックスウェル・ストリートは「雑然とした場」と化す最中《さなか》にあった。すなわち、後にも通底していくことになるマックスウェル・ストリートらしい「何か」は、おのずとこの一九二〇年代半ばから一九三〇年代半ばの時期に立ち上がった可能性が高い。

ゆえに本書では、一九三〇年前後のマックスウェル・ストリートに焦点を当て、「雑然とした場」の成立、およびそこでの人々の営みを具体的に検討することで、この路上に遍在するようになった「何か」と人々の「生」との関係性について、考察する試みを始めてみたい。

2　生活の「場」を考える——研究史の脈絡から

戦間期のシカゴを対象とするこれまでの歴史研究の蓄積のなかで、人々の生きる「場」や

「空間」に着目してきた研究は多い。特に、多様な出自の人々が集う大都市シカゴの特性を鑑み、「人種」を一つの切り口に生活空間を論じる研究は数多く積み重ねられてきた。ここでは、そのなかでも顕著な成果を重ねてきた、黒人の生活空間にまつわる研究を中心に見ていくこととする。

これらの研究のなかには、サウスサイド地域の大規模な黒人集住地域を分析してきた流れがある。この系譜のはじめには、ドレイクとケイトン（St. Clair Drake and Horace R. Cayton）の*Black Metropolis*（一九四五年）という、いまや古典ともいうべき社会学的研究が存在する。この最初期の研究は、戦間期の都市の貧困問題を背景に、サウスサイド地域に大規模な黒人集住地域が形成されていったことを指摘した。ただしこの研究は、同時代的な調査とその報告書といった側面が強く、黒人集住地域について歴史学的な検討を十分に加えたものではなかった。[11] 黒人集住地域についての研究を本格的な実証段階へと推し進めたのは、アラン・スピアー（Allan H. Spear）の*Black Chicago: The Making of a Negro Ghetto, 1890-1920*（一九六七年）であった。スピアーは、第一次世界大戦下で南部黒人の北部への「大移動（Great Migration）」が巻き起こり、シカゴに黒人が大量に流れ込み、結果としてサウスサイド地域に大規模な黒人集住地域が成立するという、その「過程」を実証した。さらに、新たに流入した黒人が根付いたその生活空間から、新たな意識の黒人指導者層（New Negro）が立ち現れたという、後の研究史においても重要となる点を指摘した。[12]

このサウスサイド地域の黒人集住地域をより多角的に分析する研究が、一九八〇年代以降に登場した。たとえば、ジェイムズ・R・バレット（James R. Barrett）の *Work and Community in The Jungle: Chicago's Packinghouse Workers, 1894-1922*（一九八七年）や竹中興慈の『シカゴ黒人ゲトー成立の社会史』（一九九五年）、クリストファー・ロバード・リード（Christopher Robert Reed）の *The Rise of Chicago's Black Metropolis, 1920-1929*（二〇一一年）、*The Depression Comes to The South Side: Protest and Politics in The Black Metropolis, 1930-1933*（二〇一一年）といった研究である。これらの研究では、黒人集住地域が成立した背景を、アメリカ全体の経済の流れや人の流れを視野に入れたより広い文脈に位置づける分析がなされた。一方で、ユニオンストックヤード周辺における食肉加工労働者の連帯をはじめ、黒人集住地域内の政治的経済的展開を追うような、ミクロな実証を充実させていく試みもなされた[13]。

加えてこの時期には、シカゴ全体を射程に入れつつ、これまでとは少し違う角度から生活空間を取り扱うような研究も登場した。すなわちそれは、人種毎に形成された各居住区を「単位」として都市改革、都市改善が行なわれていた点に着目する研究である。トーマス・リー・フィルポット（Thomas Lee Philpott）は、その著書 *The Slum and The Ghetto: Neighborhood Deterioration and Middle-class Reform, Chicago, 1880-1930*（一九七八年）において、移民や黒人を対象とするシカゴ市政の住宅改善事業が、それぞれの地域、居住区毎に試みられたことを明らかにした[14]。こうした研究観点は、後に中野耕太郎が『二〇世紀アメリカ国民秩序の形成』（二〇一五年）のなかでまとめた「ゾーン都市」という視角によって、より一層深められた。中野は、一九二〇年代には都市空間を人種的、階層的に「分断」して把握する認識が生まれていたことを指摘し、シカゴにおける多様な都市改革が、「分断」された移民居住区、黒人居住区をそれぞれ対象範囲としながら進められていたことを明示した。[15] これらの研究は、シカゴにおいては生活空間が事業や制度の「単位」となり得ていたことを実証するものであった。

ここまで見てきた生活空間に関する研究に共通するのは、人種毎に形成された「居住区」を、単に人々が寄り集まって住む以上の空間として規定し、分析してきたことであろう。サウスサイドの黒人集住地域に関する研究は、その大規模な居住区を、自立的な経済活動、政治活動がくり広げられる空間として規定した。社会改革事業に関する研究は、黒人や移民の居住区が、改善事業の側にとって「単位」の意味を持つ領域的な空間であったことを見出した。これらはそれぞれに、歴史学上の分析枠としての「生活空間」を提示したという点で意義深い。しかし、翻って、自立的で領域的な空間としての性質に注目するあまり、ともすればその生活空間における住民たちの生活そのものよりも、空間自体の政治的、経済的、制度的な機能や役割に重きをおいた検証が進められてきた面は否めない。

対して、領域が確定された自立的な生活空間ではなく、人々の種々の営みの現場であるところの「場」に着目し、そこから人々の生き方や価値観に迫ろうとした研究もある。ジェームス・R・グロスマン（James R Grossman）の *Land of Hope: Chicago, Black Southerners, and The Great Migration*（一九八九年）がそれにあたる。グロスマンは、第一次世界大戦期に南部農村からシカゴへと移ってきた黒人たちが、礼拝などの生活の「場」で南部の生活様式を継続させつつ、新たな都市生活に臨んでいった様を明らかにした。[16] その研究は、慣習や人間関係をも含み込むような生活の「場」において、人々が生を営むというそれ自体に目を向ける契機を作り出したといいえよう。それは、都市エスノグラフィの走りである『ストリート・コーナー・ソサエティ』(*Street Corner Society: The Social Structure of an Italian Slum,* 一九四三年)のなかで、ウィリアム・F・ホワイト(William F. Whyte)が、領域的な空間というよりは「街角」という生活の「場」を想定しながら、そこで育まれるイタリア系ギャングたちの価値観や生活感覚を観察しようとしたのと類似の傾向といえる。[17] それは、生活空間の歴史学的な研究においても、一つの重要な観点であるといいえよう。

二一世紀に入ると、黒人を主体としつつも、より開かれた人種関係や人間関係を射程に収めて、生活の「場」や生の営みを描き出すような研究が登場した。たとえばジャーマ・A・ジャクソン(Jerma A. Jackson)は、その著書*Singing in My Soul: Black Gospel Music in a Secular Age*(二〇〇四年)のなかで、黒人教会という生活の「場」と宗教音楽であるゴスペルの展開に焦点をあて、戦間期の都市黒人たちのキリスト教意識や宗教生活が、世俗的要素を内包するかたちにゆるやかに変化していったことを実証した。[18] 同研究では、黒人たちが宗教生活に世俗を包摂する過程で、娯楽産業の白人関係者らとも関わりを持っていった様が示される。それはつまり、より広範な人間関係や人の行き来を想定しながら黒人教会という「場」をとらえ、そこから人々のキリスト教意識を浮き彫りにするという試みであった。

同じように、より広い文脈のなかで生活の「場」と営みをとらえようとした研究としては、ダヴァリアン・L・ボールドウィン(Davarian L. Baldwin)の*Chicago's New Negroes*(二〇〇七年）をあげることができる。ボールドウィンは、サウスサイド地域の「歓楽街」という「場」に焦点をあて、そこを「ぶらつき」、娯楽消費活動をくり返す黒人たちが、やがて「自分たちを対外的にどう表現していきたいか」という意識を明確化させていく過程を実証した。たとえそれが黒人向けの「歓楽街」だったとしても、その周辺には常に白人の姿、影があり、娯楽消費という日々の営為はそれを意識して織りなされたのだ、というのがボールドウィンの視角であった。(19)生活の「場」を、ときに境界すら曖昧になる周辺世界の動向と照らし合わせてとらえ、そこでの人々の営みをより複層的なものとして理解する、という新たなアプローチの可能性が提示されたといえよう。

このようにグロスマン以降、ジャクソン、ボールドウィンと展開した研究は、人々が生を営む現場としての「場」を検討し、そうした「場」の様相や変化とそれぞれの営みとをあわせて読み解くことで、人々の生き様や価値観に迫るというアプローチを深化させてきた。このとき注視される黒人教会や歓楽街といった「場」は、領域的な生活空間であるよりは、そこでの人間関係や人の動きまでをも含み込むような包括的な生活の「場」である。むしろ包括的な「場」であるからこそ、人々の営みの足場や背景であり得るし、それゆえ営みの内実に作用するものでもあり得る。こうした「場」の見方を深め、人々の「生」の諸相それ自体を掘り下げる研究を押し進めたことが、この系譜の大きな成果であるといえよう。

一方、この系譜の先に残された余地を考えるうえで一点指摘しておくべきは、これまでの研究が、あくまで単一の営みを織りなす「場」を想定し、かつ重視してきたという点である。たとえば、これまでの研究は、信仰の「場」を想定して宗教生活を検証する、娯楽の「場」を描き出し娯楽消費活動を検証する、といった研究アプローチを取ってきた。裏を返せば、そのように単一の営みと結びついた「明解」な「場」を人々の「生」を読み解く基点として重視してきたがゆえに、「明解」でない生活の「場」、すなわち複数の営みが幾重にも展開するような一見まとまりのない「場」は議論の俎上に載せられてこなかったともいえる。本来であれば、人々が生きる現場である以上、あらゆる「場」には生き様や価値観の一端が映されるものであろうし、それは複数の営みが交錯する「場」でも同様であろう。むしろそうした判然としない「場」にしか見られない、生の様式があって然りである。だが、多方向の営みを読み解くことの難しさゆえか、管見の限り、いくつもの異なる営みが同時的になされる「場」を対象とする歴史研究は登場していない。ゆえに、歴史のなかに数多《あまた》存在したはずの営みが交錯する「場」、決して「明解」とはいえない暮らしのなかの何気ない「場」と諸々の営みを検討し、人々の「生」への総体的な理解を深めていくことが、この研究系譜に残された余地であるといえよう。(20)

3 「雑然とした場」への接近――本書のアプローチ

以上の研究史を踏まえたうえで、本書では、基本的に後者の「場」の研究系譜を踏襲しつつ、一九三〇年前後のマックスウェル・ストリートの検証を進めていく。本書では、いかにマックスウェル・ストリートが多様な人々の動きと営みが交錯する「場」、すなわち「雑然とした場」として成り立っていったのか、そこを行き交う個々人はいかに雑多な営みをくり広げたのか、そこには「何」が遍在するようになったのか、といった一連のテーマについて検討を試みる。それは、現代の路上マーケット一帯に端を発する問いであると同時に、先の研究史上の課題に相応する問いでもある。すなわち、これまでの研究において重要視されてこなかった、複数の営みが同時的に展開するような「場」について、ここでは「雑然」とするマックスウェル・ストリートを事例に踏み込んでいく。

マックスウェル・ストリートという「場」を掘り下げるための方法として、本書では原則的に、前述した包括的な「場」の見方を適用していく。すなわち本書では、環境的な要素はもちろん、人々のつながりや動き、慣習までをも含み込むような包括的な生の現場として、当時のマックスウェル・ストリートをとらえることを試みる。具体的には、周辺居住者の急激な移ろい、路上マーケット形成の変遷といった歴史的経緯の検討から、このストリートに特徴的な「人の流れ」を明らかにしたうえで、それを含めてマックスウェル・ストリートという「雑然とした場」を描き出していく。

さらに本書では、「雑然とした場」をとらえるためのアプローチとして、マックスウェル・ストリート近辺の動向にも目を配ることを試みる。それはボールドウィンらの研究視角を踏まえた試みであり、つまりは周辺世界の動きを視野に入れることで、「場」の想定を相関的に一層充実させようとする試みである。ある種当然ながら、生活の「場」というのは、それ自体独立した空間として存立することはできない。その周りには、必ず地続きの世界があり、何らかのかたちで隣り合うことになる人々がいる。ゆえに、可能な限りとはいえ、「場」の周辺世界の動向へと射程を広げることは、より複層的な現実性のなかでその生活の「場」をとらえる試みへとつながる。そうした見通しのもと、本書では一九三〇年前後にマックスウェル・ストリートの近辺で興った複数の地域組織活動に焦点をあて、検討を進めていく。

「雑然とした場」としてのマックスウェル・ストリートを読み解き、そしてそこでの営みを検証するにあたって、本書では人口統計、居住分布図、鉄道路線図、国勢調査原典、路上写真、新聞記事、雑誌や会報、個人の書簡、地域組織の活動報告、回想録といった史料を複合的に用いる。ストリートおよび路上の人々を史的に検討するうえでの難しさの一つは、何気ない路上の日常を直接的に記録した史料が少ないということだろう。とりわけ、道行く人々が何を思い、何を考え、その日路上にくり出したのかということに関する記録は、日々の中でそれを残す必然性の薄さゆえか、やはり数に限りがある。一九三〇年前後のマックスウェル・ストリートについていえば、管見の限り、当時代的な史料はほとんど見られない。そこで本書は、断片的な路上の記録と、必ずしも路上の日常について記したわけではない多様な種別の史料とを、あわせて活用することを試みる。それはすなわち、ストリートを多角的に読み解き、史料の制約上見えにくい路上の人々の姿をあぶり出そうとする試みである。無論のことだが、たとえ記録に残されていなかったとしても、そこに人々の「生」が存在していなかったとは限らない。その意味で本書は、歴史上の名も知れぬ人々のあり様に手を伸ばしていくものである。

以上の方法論と段取りをもって、本書では一九三〇年前後のマックスウェル・ストリートという「場」、およびそこでの人々の営みについて検討を進めていく。そして最終的には、同ストリートに遍在するようになった「何か」と人々の「生」との関係性をひも解く、という命題に向き合っていくこととしたい。

第1章　マックスウェル・ストリート周辺区域の変遷

中西部イリノイ州、ミシガン湖沿いに位置するシカゴは、古くから内陸の要衝として栄えてきた。その契機は一九世紀半ばにさかのぼる。一八五〇年前後、イリノイ・ミシガン運河やイリノイ・セントラル鉄道、あるいは東西からの主要鉄道が、シカゴを発着点とするかたちで相次いで整備された。それにより、シカゴは全米から人の集まる交差点となった。加えて、その交通の恩恵を得て食肉加工業や鉄鋼業が発展したことにより、シカゴには労働需要に応える面でも様々な人々が流れ込むことになった。たとえば、機会を求めて継続的にアメリカに渡ってくる多くのヨーロッパ移民たちは、大西洋を越えた後、先の鉄道網を利用してシカゴへと流れ込んだ。第一次世界大戦期から一九二〇年代にかけて南部綿作地帯を後にした黒人たちもまた、「大移動」の流れに乗って、イリノイ・セントラル鉄道で続々とシカゴに行き着いた。結果、一九三〇年の時点までに、シカゴは総人口約三三七万人という全米二位の規模を誇る大都市になるとともに、白人移民約八四万人、黒人約二三万人を抱え込む多人種都市となるに至った。[21]

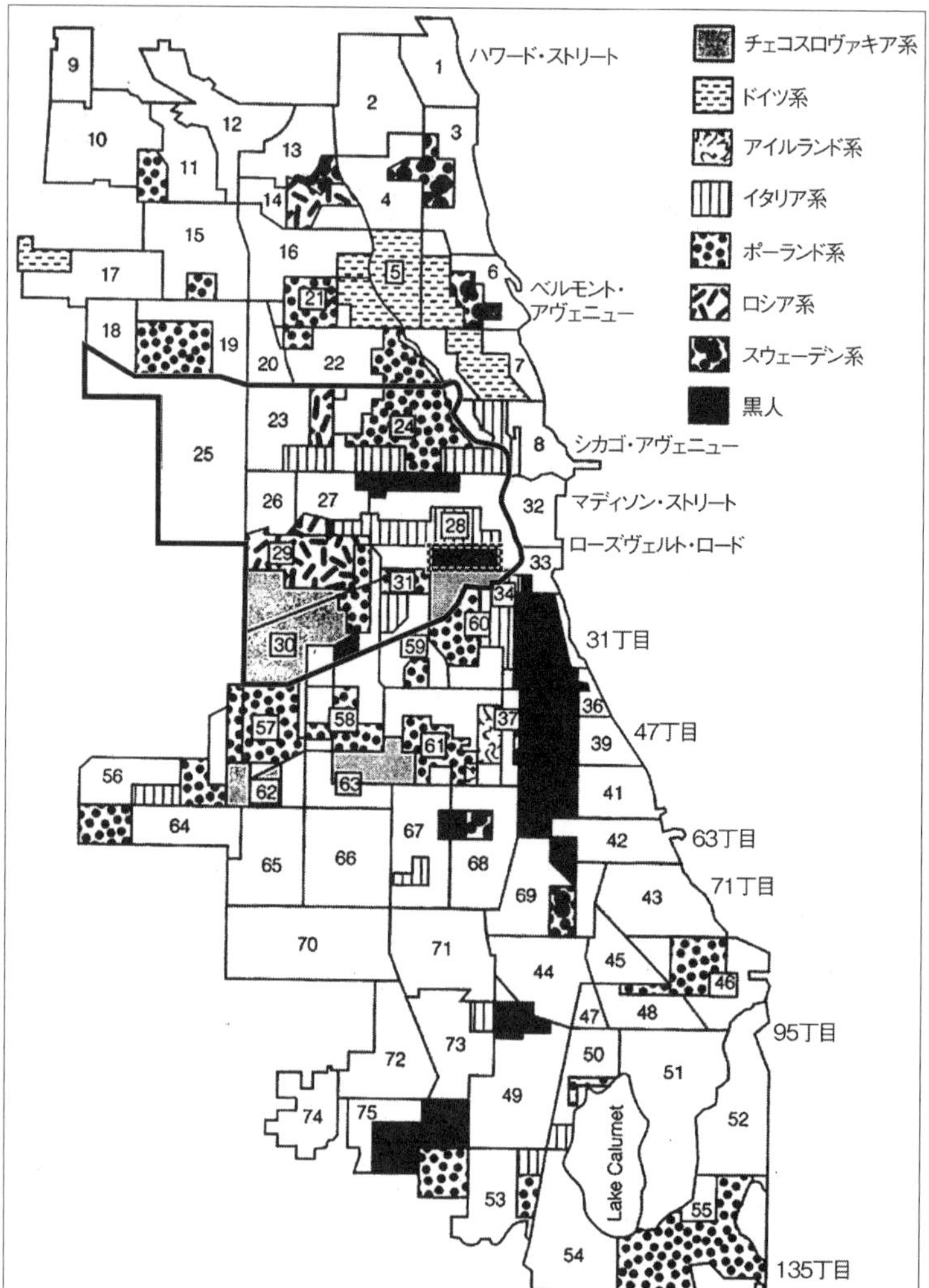

図 1-1　シカゴの移民居住分布および黒人居住分布（1930 年）ウエストサイド地域は太線部。マックスウェル・ストリート周辺区域は点線部。

そうしたシカゴにあって、ひときわ多様な住民層を誇っていたのが、シカゴ川をまたいで都心部の真西に位置するウエストサイド地域であった。一九三〇年のシカゴの移民居住分布および黒人居住分布を表した簡易な地図を見てみると、ウエストサイドにはイタリア系やロシア系、ポーランド系、チェコスロバキア系、そして黒人の居住区が、各々隣接するかたちで築かれていたことがわかる〔図1―1〕。実際には、この地図に現れてこないギリシャ系やメキシコ系も、それぞれに居住区を作って暮らしていた(22)。移民たちの居住区形成の経緯は後述するが、ここで先んじて確認しておきたいのは、ウエストサイドがシカゴという都市の多様性を反映したような一大生活拠点であったという点である。

そして、本書が議論の対象とするマックスウェル・ストリートは、このウエストサイドの片隅を東西に短く走るストリートであった。同ストリートは、シカゴ川傍の小さな黒人居住区〔図1―1を参照、さらに位置詳細は図1―2〕のちょうど中央に位置していた。しかし、マックスウェル・ストリートの周辺は、初めからこのような黒人居住区だったわけではない。多様な人々の多様な生活圏が重なり合うウエストサイドにおいて、ある相当な折衝と変化を経て、このかたちに落ち着いたというのが実際のところである。そして、周辺居住区が辿ったその変遷は、マックスウェル・ストリートという「場」をかたち作るのに、大いに寄与することとなった。ゆえに、この第一章では手始めに、マックスウェル・ストリート周辺区域の歴史的変遷を検討していくこととしたい。

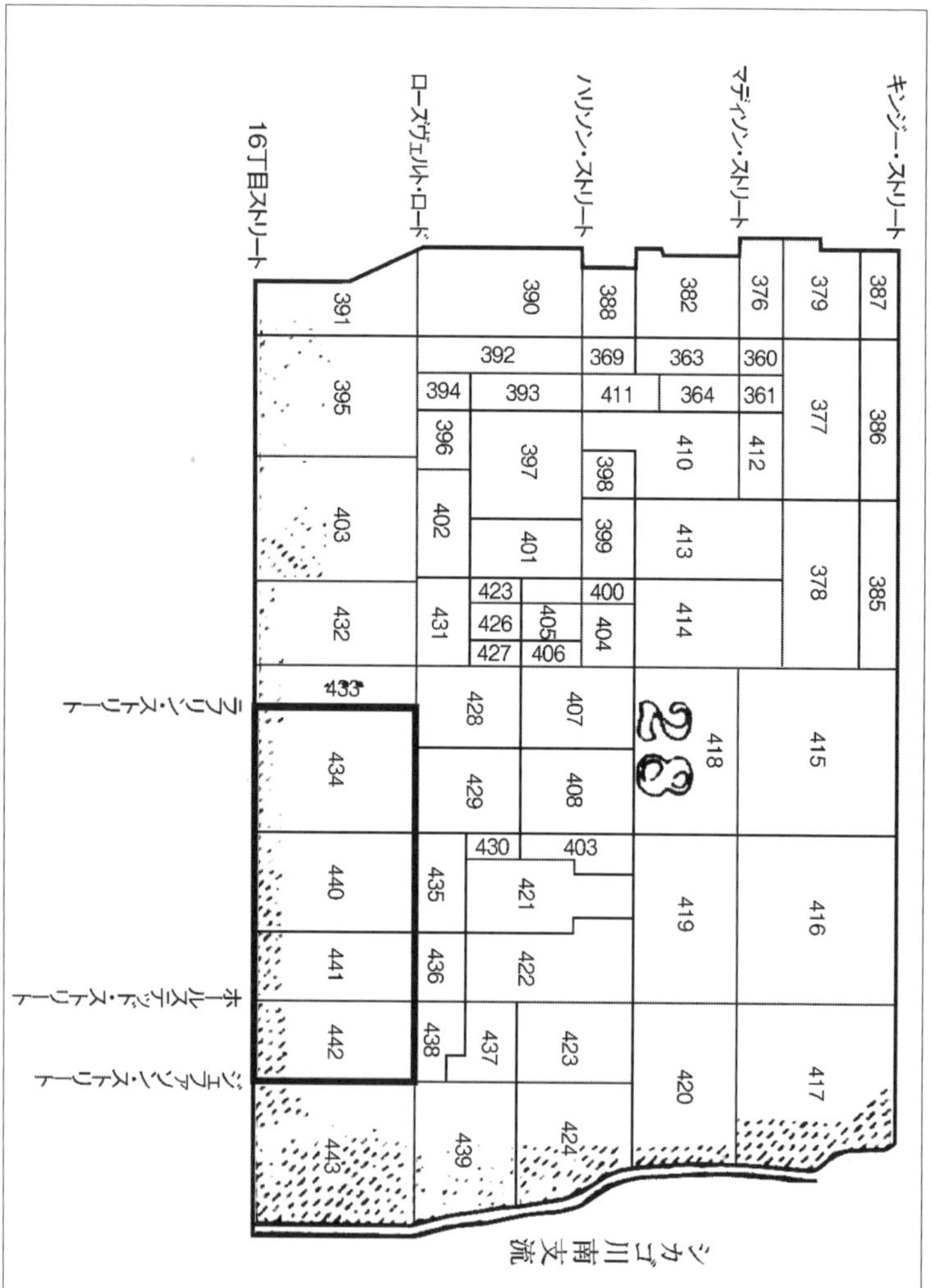

図 1-2　マックスウェル・ストリート周辺区域の位置詳細

1　ユダヤ系居住区の形成――一九世紀半ばから一九二〇年にかけて

のちにニアウエストサイド地域と呼ばれるようになる、マックスウェル・ストリートを含む一帯は、一八五〇年以前にはほとんど開発されていない荒地であった。しかし一八五〇年代半ばになると、シカゴ川に沿って鉄道が整備されたことにより、徐々にこの地域は居住地として発展し始める。シカゴ川に程近い場所には木材集積場があったため、それよりやや西、南北に伸びるカナル・ストリートを境界に、その西方に居住区が築かれ始めた。一帯には、入植者のための新設の木造小屋が立ち並ぶようになった(23)。

一八五〇年代半ば以降、そこに最初に移り住んだのは、ドイツ系、ボヘミア系、アイルランド系の移民であった。それらの移民たちは、各々の地域で飢饉や不況に苦しんだ結果として、比較的早い時期にアメリカへと渡ってきた人々であった。鉄道整備に伴い建設された工場から近い場所であり、かつ地価もそう高くない所であったというのが、移民たちをこの地域に引きつけた要因であったようだ。そうして移民の生活圏として発展を遂げたこの地域には、工場労働者だけではなく、ある程度裕福な人々も住むようになっていった(24)。シカゴで発行されていた新聞『トリビューン』(*Tribune*)の一九三九年六月九日付の記事に、一八七六年の段階でマックスウェル・ストリートに移り住んだ人物の回想を載せたものがある(25)。その記事によれば、当時そこに住んでいたのは教師や弁護士、鉄道の車掌といった専門職に従事する人々であった。

そうした人々の家は質素ではあるものの、小さな庭付きの手入れが行き届いた住宅であったという。このことからも、居住区が築かれてしばらくの後には、そこに多少なり生活の安定した人々が立ち現れていたと考えることができる。いずれにせよ、一八五〇年代から一八八〇年ごろまでは、そのような人々をも含めたドイツ系、ボヘミア系、アイルランド系の移民がこの地域の主要な住民であった。それらの移民たちは学校や大規模なカトリック教会の建設に寄与し、[26]ニアウエストサイド地域の発展の基礎を築いていった。

しかし、一九世紀後半に入り、古びた建物の維持が難しくなると、その人々の多くは、ウエストサイドのうちでも新たに発展を遂げつつあった西の地域へと居を移した。移り住んだのは、産業地域として成長を遂げつつあったやや南西のノースローンデイル地域や、ホテルや劇場の居並ぶ商業地域として賑わいを見せ始めていた西方のウエストガーフィールドパーク地域であった。[27]それぞれの地域は、ドイツ系やアイルランド系の人々が移り住んできたことで、産業、商業の規模を拡大し、発展の一途をたどり始めた。

その一方で、ニアウエストサイド地域では住居が老朽化し、安価な下宿宿として貸し出されるようになった。[28]ドイツ系やアイルランド系の人々と半ば入れ替わるようにして、新たにそこに入ってきたのは、アメリカに渡ってきたばかりのイタリア系、ポーランド系、ギリシャ系、そしてロシア系の移民たちであった。主に一八八〇年代以降に渡ってきた東欧南欧系の移民のなかには、経済的に貧窮した状態で出国し、シカゴで貧しい労働者層に属するようになった人々が多く存在していた。そうした人々にとって、家賃の安価なニアウエストサイド地域は、新たな生活場所となり得た(29)。あるいは、先人たちによってカトリック教会やシナゴーグが先んじて築かれていたという文化的側面も手伝い(30)、東欧南欧系の移民たちはこの地域に寄り集まって居住区を形成するようになった。

とりわけ、このニアウエストサイド地域に集中的に流れ込んだのは、ロシア出自のユダヤ系移民であった。この流入現象は、一八八一年からロシアで断続的に行われたポグロムと呼ばれるユダヤ系虐殺や、一八八二年にロシアで施行された五月法に起因するところが大きい。ロシアにおけるこのような迫害を逃れる形で、一八八〇年から一九二四年にかけて、約二〇〇万人のユダヤ系がアメリカに渡った(31)。シカゴにおいても、一八八〇年からの二〇年間で約五万人のユダヤ系が流入した(32)。

そして、ユダヤ系移民の多くは、ニアウエストサイド地域のうちでも特にマックスウェル・ストリートの周辺に居を定めていった。一八八三年来、マックスウェル・ストリートにおいて、ボヘミア系移民を対象に社会福祉活動を行なっていたエリザベス・E・マーシー・センター（Elizabeth E. Marcy Center, 以下マーシー・センター）は、同ストリート周辺が、一九一三年までにほぼ完全なユダヤ系居住区に移り変わったと証言している(33)。この傾向はデータの上でも確認できる。シカゴ大学が国勢調査の小区画《トラクト》統計をもとに作成した、一九二〇年時点のロシア系移民の居住分布を表す地図を確かめてみると、マックスウェル・ストリートをちょうど中心に含み込む四区画《トラクト》、すなわち南北を一六丁目ストリートとローズヴェルト・ロードに、東西をジェファソン・ストリートとラフリン・ストリートに囲まれた区域（図1―1の点線部分と同

（単位：人）

	総人口	白人移民	白人移民2世	移民比率	黒人	黒人比率
1920年	24,107	13,259	9,955	96.3%	113	0.5%
1930年	18,110	2,415	2,301	26.0%	11,032	60.9%

表1-1　マックスウェル・ストリート周辺区域のロシア系住民と黒人住民の数（1920年、1930年）

出典：Ernest Watson Burgess and Charles Newcomb, eds., *Census Data of the City of Chicago, 1920* (Chicago: The University of Chicago Press, 1931), pp. 346-349; Ernest Watson Burgess and Charles Newcomb, eds., *Census Data of the City of Chicago, 1930* (Chicago: The University of Chicago Press, 1933), pp. 89-91, p. 217, 271より作成。

じ。以下、マックスウェル・ストリート周辺区域と表記）に、集中的にロシア系移民が居住していたことがわかる〔図1―3〕。ロシア出自のユダヤ系移民たちは、(34)すぐ北のイタリア系居住区〔図1―4〕や南東のリトアニア系居住区〔図1―5〕の間を縫うようなかたちで、マックスウェル・ストリート区域に自分たちの居住区を確保していったのである。あるいは数字で確認してみよう。改めて、マックスウェル・ストリート周辺区域の時代毎の人口統計を見てみると、一九二〇年時点において、住民人口のほぼ四〇％がロシア系移民で占められるようになっていたことがわかる〔表1―1〕。調査のフォーマット上、ここには移民二世の数字が反映されていないため、実際にはさらに多くのユダヤ系住民が住んでいた可能性が高い。以上のように、マックスウェル・ストリート周辺区域は、一八八〇年代から一九二〇年にかけて、先んじてロシア出自のユダヤ系移民の居住区として立ち上がったのである。

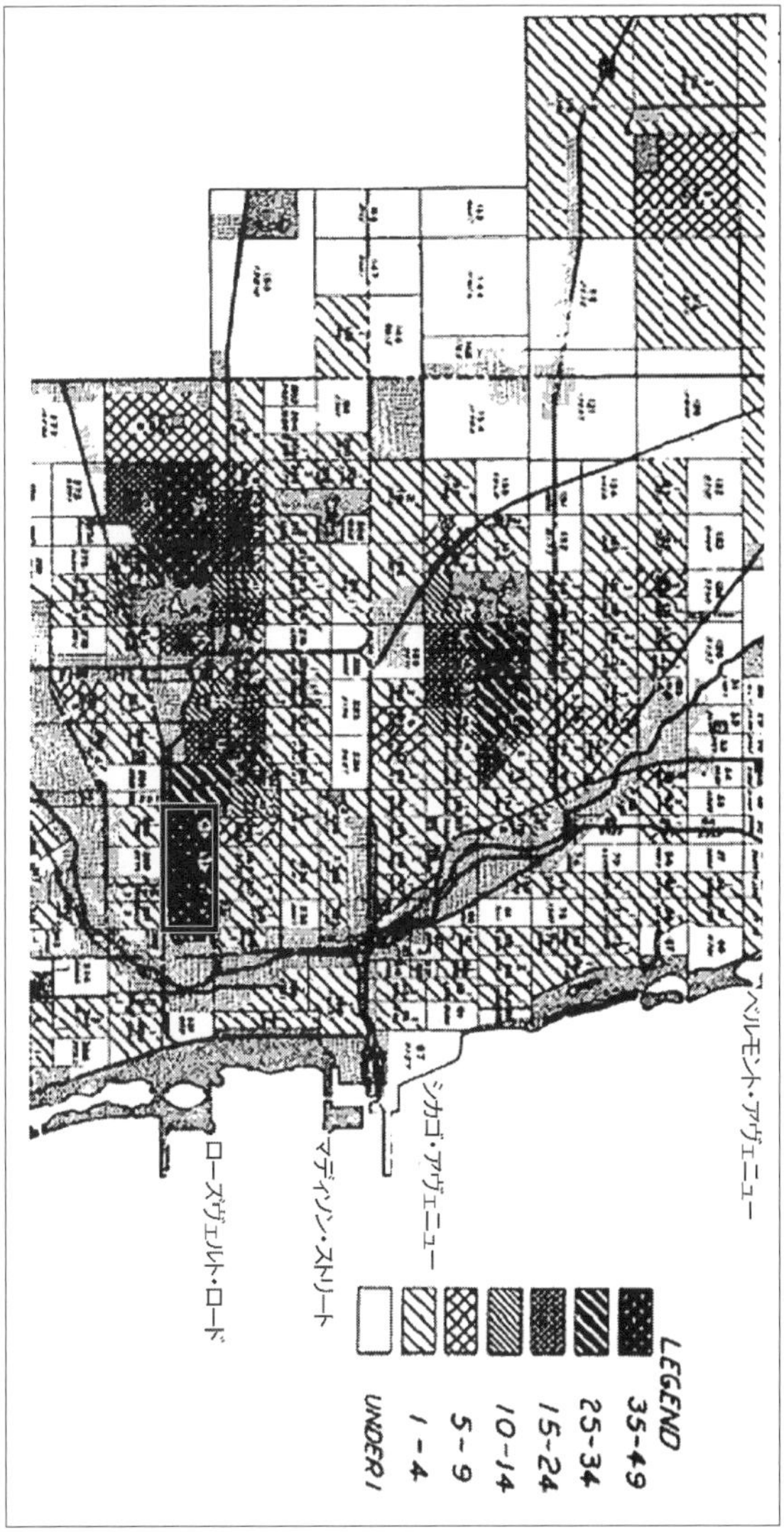

図1-3　ウエストサイドにおけるロシア系移民の居住分布（1920年）

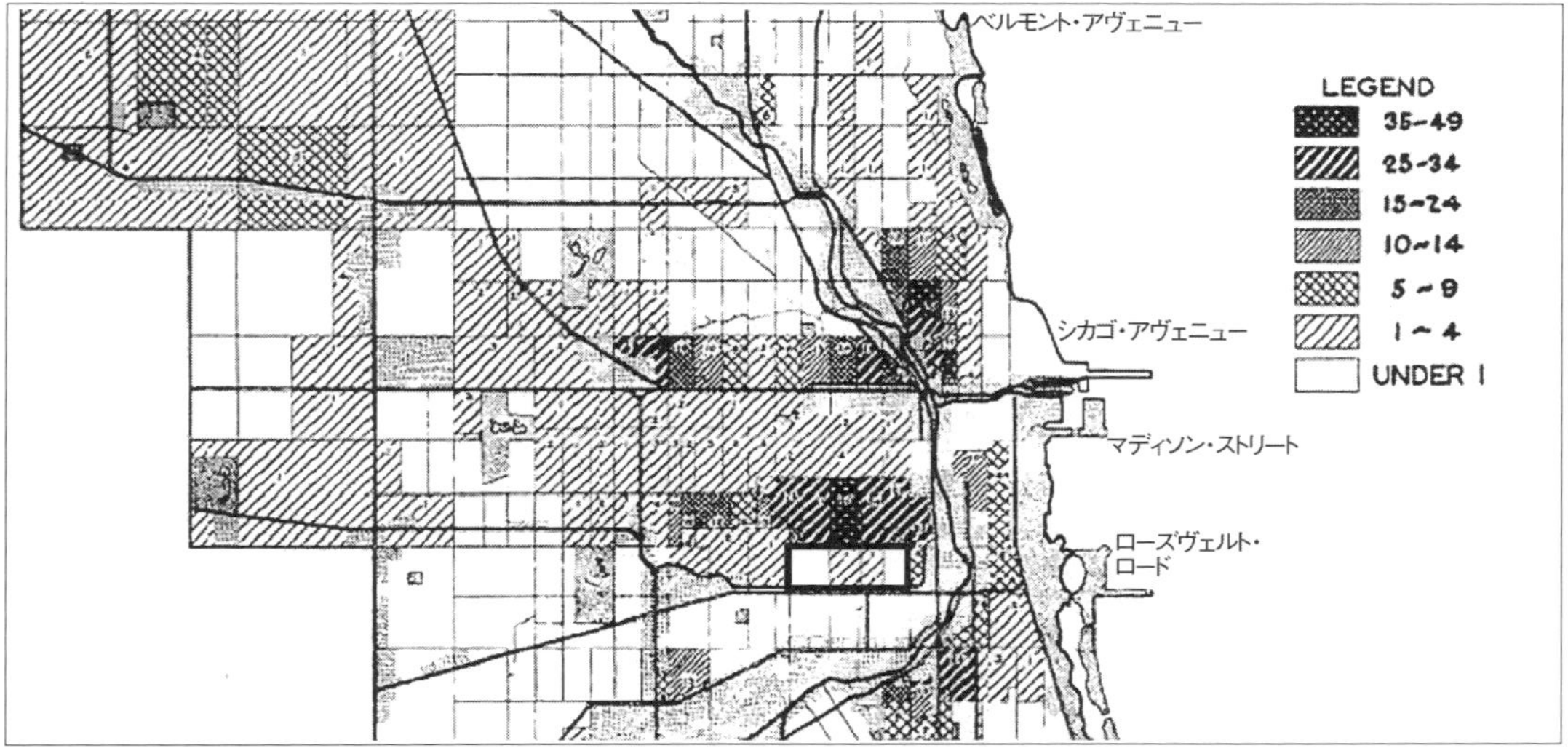

図 1-4　ウエストサイドにおけるイタリア系移民の居住分布（1920 年）

図1-5　ウエストサイドにおけるリトアニア系移民の居住分布（1920年）

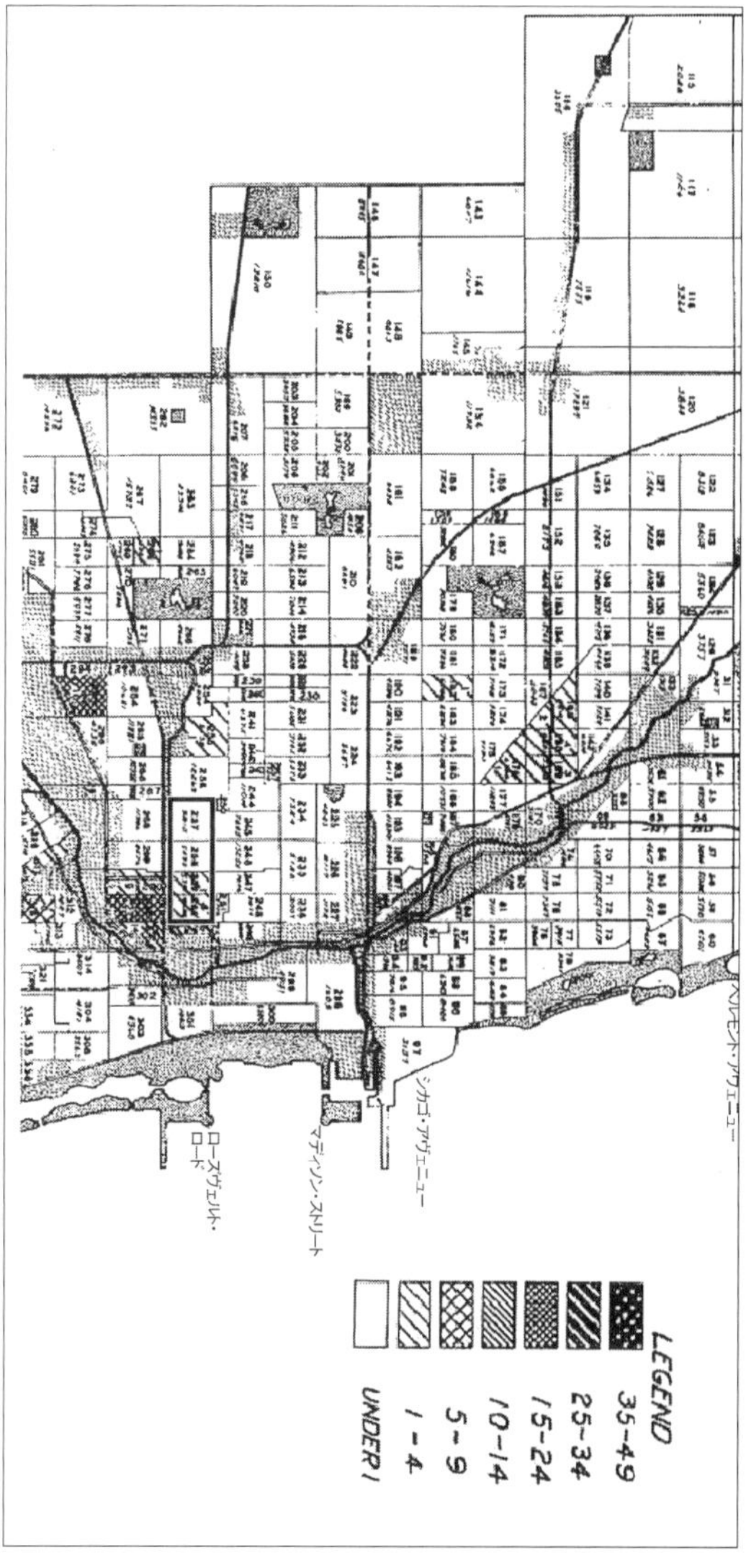

2　黒人居住区の形成――一九二〇年代初頭から一九三〇年にかけて

こうしてユダヤ系の居住区として一旦は成立したマックスウェル・ストリート周辺区域であったが、一九二〇年代に入ると新たな変化に見舞われることとなった。移民の生活拠点であるニアウエストサイド地域には少数しか居住していなかった黒人たちが、急激に大量流入してきたのである。[35]この動きは、同時期のシカゴ全体における南部黒人の流入現象、そしてそれに伴うサウスサイドの黒人集住地域形成とある程度連動したものであった。したがって、マックスウェル・ストリートへの黒人流入という事態を把握するために、まずはシカゴ全体における黒人の動きを見なければならない。

この流入の背景には、南部黒人の「大移動」と呼ばれる現象があった。「大移動」とは、第一次世界大戦でヨーロッパからの移民が減少し、工場労働者が不足した際、その穴埋めをしようとした北部産業側の動きと、害虫による自然被害や南部社会の人種的抑圧といった諸要因により生活に苦心していた南部綿作地帯の黒人たちが、生活改善を求めて北部に移動しようとした状況とがかみ合ったことで生じた、大規模かつ継続的な移住現象を指す。[36]北部の大都市、産業都市であったシカゴにも当然その波は押し寄せた。シカゴの黒人人口推移を確認すると、一九一〇年に四万四一〇三人であった市の黒人人口は、一九二〇年には一〇万九四五八人に、一九三〇年には実に全人口の七％近い二三万三九〇三人に膨らんでいたことがわかる（表1―2）。

（単位：人）

	総人口			黒人人口			
	人口	増減数	増減率	人口	増減数	増減率	総人口における黒人人口の割合
1900年	1,698,575	−	−	30,150	−	−	1.8%
1910年	2,185,283	486,708	28.7%	44,103	13,953	46.3%	2.0%
1920年	2,701,705	516,422	23.6%	109,458	65,355	148.2%	4.1%
1930年	3,376,438	674,733	25.0%	233,903	124,445	113.7%	6.9%
1940年	3,396,808	20,370	0.6%	277,731	43,828	18.7%	8.2%
1950年	3,620,962	224,154	6.6%	492,265	214,534	77.2%	13.6%

表1-2　シカゴにおける総人口と黒人人口の推移（1900年〜1950年）
出典：Philip M. Hauser and Evelyn M. Kitagawa, eds., *Local Community Fact Book, 1950* (Chicago: Chicago Community Inventory, 1953), p. 2.

特に一九二〇年から一九三〇年にかけての黒人人口の増加は著しく、統計上では一二万人以上の黒人がシカゴに移り住んだこととなる。こうした大規模な人口流入に伴い、一九一〇年当初は一二丁目ストリート以南、ステイト・ストリート沿いに細長く伸びているに過ぎなかった黒人居住区は、主に南方に爆発的な拡大を見せた[37]。こうしてサウスサイドの巨大な黒人集住地区「黒人ゲトー」が形成されるに至ったのである。

　そして、南部綿作地帯からの著しい黒人流入の余波は、サウスサイド以外の地域にも及んだ。その例が、ほかならぬマックスウェル・ストリート周辺区域であった。先に見た四区画分《トラクト》のユダヤ系居住区に、黒人たちが集中的に流入したのである[38]。マックスウェル・ストリート周辺区域の時代毎の人口統計によれば、一九二〇年の時点では、この地域に住む二万四一〇七人のうち黒人はわずか一一三人のみであった。しかし一九三〇年になると、住民一万八一一〇人中、実に一万一〇三二人が黒人という構成になっている。比率で見れば、一九二〇年時点で〇・四七%であった黒人住民が、一九三〇年には全体の六〇・九%を占めるようになった（表1

—1)。つまりこの地域は一〇年の間に、黒人のほとんどいなかったユダヤ系居住区から、半数以上を黒人が占める黒人居住区へと変質したのである。

さらに、この流入の最中に同区域で暮らしていた人々の証言を読み解くと、こうした変化が国勢調査で確認可能な一〇年の区切りのなかで徐々に生じていたのではなく、わずか数年の間に集中的に起きていたことがわかる。たとえば、マーシー・センターが一九二〇年代に残した報告書の中には、「黒人の状況」("The Colored Situation")[39]と題されたものが多くある。その中の一つで、一九二四年に作成されたと思われる報告書に、「この地域の各機関に対する綿密な調査を行なったところ、黒人たちはここ二年の間にこの地域へ移ってきたということを我々は発見した」という一節がある。その言葉の通り、報告書の中では、一九二〇年代初頭に突如として黒人が流入してきた様子が語られている。一四丁目ストリートのブラザーフッド・ハウス(Brotherhood House)は、一九二〇年にユダヤ人住民のために開かれた施設であった。ところが四年後、この報告がなされたころには、ユダヤ人住民は大量の黒人を残してこの地域を去ってしまっていたので、ブラザーフッド・ハウスの活動は黒人住民を対象とするものに変更を余儀なくされた。また、マーシー・センターの向かいにあったライイング・イン診療所(Lying In Dispensary)によると、一九二三年の時点で、一〇〇〇件の治療のうち三八八件が黒人を扱うものであったが、この報告がなされた年にはほぼ半数の患者が黒人になったという。一九二〇年四月、一三丁目ストリートにあったスミス・スクール(Smith School)に通っていた黒人生徒はわずか四〇人であった。しかし一九二四年一月には、黒人生徒は四四〇人に増加し、全体の約三三％を占めるようになった（一九二〇年代後半に作成されたと思しき別の報告によれば、スミス・スクールの黒人生徒は後に全体の九五％を占めるようになる）[40]。これらの事例が示すのは、一九二〇年から一九二四年ごろまでの短い間に、急激にこの地域の黒人居住区化が始まったということである。

一方、一九二〇年代半ばの黒人流入に合わせて、マックスウェル・ストリート区域のユダヤ系住民は大幅な減少を示した。再びマックスウェル・ストリート周辺区域の人口統計を見ると、この地域の白人移民の主要な構成要員であったロシア系移民は、一〇年間で九六一四人から八九七人まで減少したことがわかる〔表1―1〕。つまり、かつてここに居住していたロシア出自のユダヤ系住民たちは、押し寄せる黒人たちにこの地域をあけ渡し、別の場所へと脱したのである。

では、ユダヤ系移民たちは一体どこへ移動したのだろうか。シカゴ大学が作成した、ロシア系移民の居住分布を示す地図のうち、一九二〇年版〔図1―3〕と一九三〇年版〔図1―6〕を見比べることで検討してみたい。先にも確認した通り、一九二〇年の地図は、ロシア系住民がマックスウェル・ストリート周辺区域に集中して居住していることを表している。ところが一九三〇年の地図では、ロシア系の人々が、かつてあれほど集中していたマックスウェル・ストリート周辺地域をほとんどあけ渡してしまった様が見て取れる。そのかわりにロシア系の人々は、この地図によれば、同じウエストサイド内の西方、ノースローンデイル地域に集中して住むようになっていた。つまり、ユダヤ系住民たちは、黒人の流入を受けてマックス

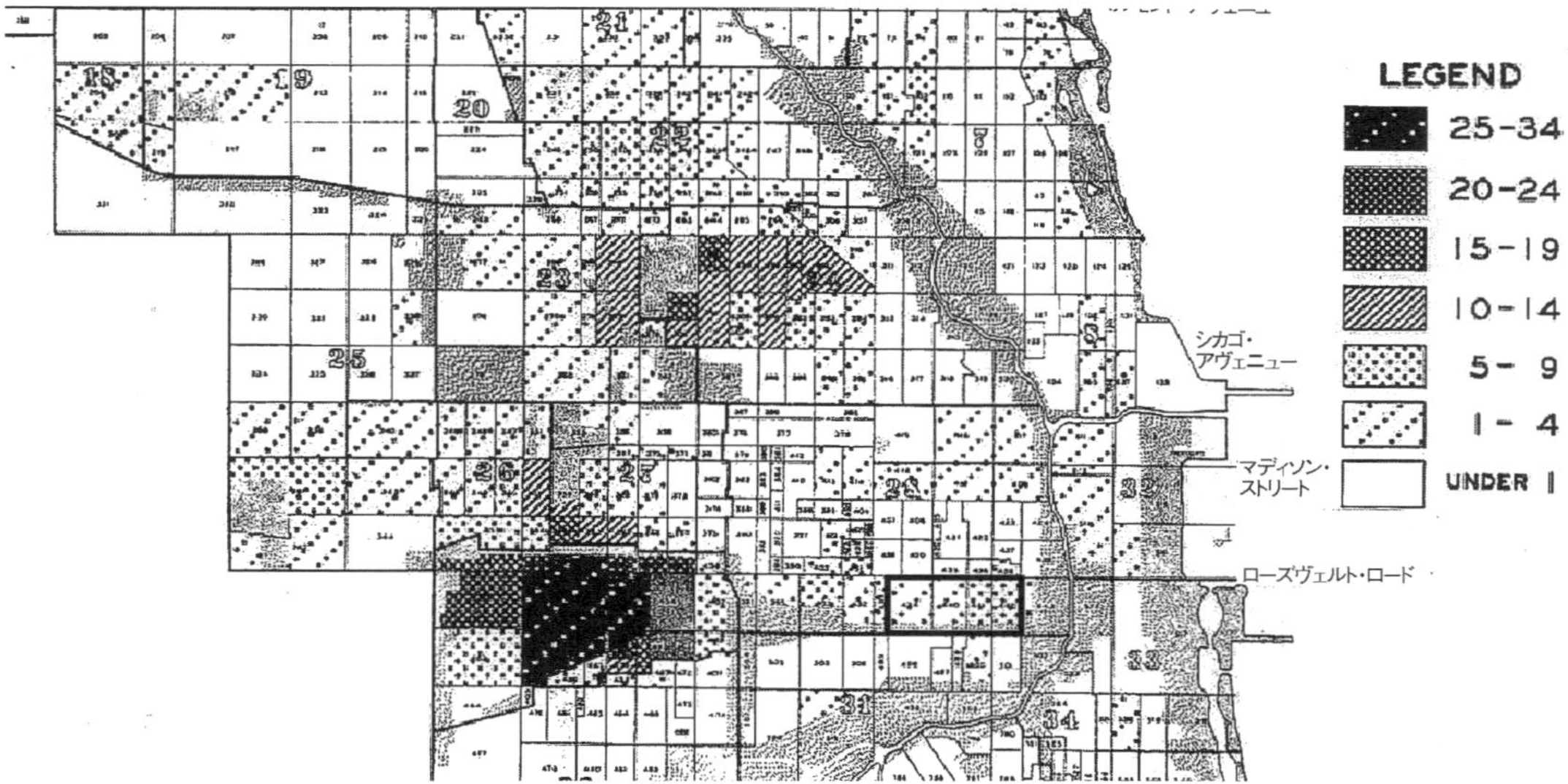

図1-6　ウエストサイドにおけるロシア系移民の居住分布（1930年）

ウェル・ストリート周辺区域を「脱し」、ノースローンデイル地域に新たな居住区を築くようになっていたのである。[41] 一九四〇年にユダヤ系の移民三世として生まれ、後に*Maxwell Street: Survival In a Bazaar* を執筆したアイラ・バーコウ（Ira Berkow）は、自身の家族がかつて家業の鶏肉屋を成功させて、マックスウェル・ストリート周辺からノースローンデイル地域へと移り住んだことを明かしている。[42] 同時に、多くのユダヤ系住民が同様の行動をとったこと、および黒人居住区からのその「脱出」を「向上」ととらえていたことを示唆している。[43] このことからも、ある程度年代が進むと、ユダヤ系移民自身がノースローンデイル地域の方を好ましいユダヤ系居住区とみなすようになっていたことがわかるだろう。以上のように一九二〇年代を通して、従来マックスウェル・ストリート周辺区域に暮らしていたユダヤ系住民は、流入した黒人と急速な入れ替わりを果たした。そうして同区域は、新たな黒人居住区となるに至ったのである。

最後に、一九三〇年までに成立したこのマックスウェル・ストリート周辺の黒人居住区が、「黒人ゲトー」と呼ばれるようになった他の所と比べて、どのようにみなされていたのかについて触れておく。当時のシカゴ黒人社会の中心といえば、一九二〇年代後半までは、サウスサイドの三五丁目ストリートとステイト・ストリートの交差点付近が娯楽とビジネスの肝所であった。一九二〇年代後半を過ぎると、その中心地は、同じくサウスサイドの四七丁目ストリート周辺へと移動した。[44] そして、それより北側の地域は、サウスサイド以外も含め、貧困層の住む環境の悪い場所とみなされるようになった。[45] なかでも、マックスウェル・ストリート周辺の黒人居住区の生活環境は劣悪と言われていた。一九三〇年にマックスウェル・ストリート周辺区域の地域調査を請け負った社会学者マレー・H・レイファー（Murray H. Leiffer）は、調査報告書のなかで、同区域の黒人居住区を「多くの住民が貧困線の付近を生きている地域」「経済的水準と社会的水準の双方において最低」と評した。(46) また、社会学者のセントクレア・ドレイク（St. Clair Drake）とホレス・R・ケイトン（Horace R. Cayton）は、マックスウェル・ストリート周辺の黒人居住区について「貧困層の生活世界」「特に住宅の質が悪い場所」(47)と記した。そして、これらの指摘はあながち間違いではなかった。この地に移り住んだ黒人の多くは、ユダヤ系居住区ができた頃にすでに老朽化していた木造住宅を、一層格安の家賃で借り受けた人々であった。電気設備、水道設備が不十分な住居に、場合によっては密集して下宿する人々も多かった。(48) その経済状態、衛生状態が決して良好でなかったことが推察されよう。もちろん、すべての住民がそうであったとは言えないだろうが、留意すべきはこの「水準の低さ」というある種の事実とイメージが当時代的に広まっていた点である。この点は、後にマックスウェル・ストリートとその周囲との関係を考察する際、重要となる。

このように、マックスウェル・ストリート周辺区域の居住区は、ウエストサイド特有の多様な人々の出入りのなかで、一九三〇年に至る直前に著しくその住民構成を変化させながら、成立していったのである。

第2章　「雑然とした場」と化すマックスウェル・ストリート

マックスウェル・ストリート周辺区域の特徴的な変遷の只中で生まれ、成長をとげていったのが同ストリートの路上マーケットであった。では、この路上マーケットはいかなる歴史的経緯を辿って発展していったのだろうか。そして、路上マーケットが展開するなかで、マックスウェル・ストリートはいかなる空間と化したのであろうか。

1　路上マーケットの成立

元をたどれば、マックスウェル・ストリートの路上マーケットは一九世紀末、周辺区域へのユダヤ系移民の流入とともに自然発生した市場であった。当時、多くのユダヤ系移民がわずか四区画《トラクト》のそう広くない居住区に密集した結果として、往来の人通りはそれなりに激しいものとなっていた。なかでも、馬車鉄道が通っていたジェファソン・ストリートは、多くの人が利用する通りであった。そこで、ジェファソン・ストリートに住む商魂たくましい商人たちは、周囲にひしめく住民に向けて、生活必需品を売ることを考えた。自宅の軒先を煉瓦などで拡張し、そこを露店として商売を始めたのである。[49] ジェファソン・ストリートには、すぐにそれ以外にも、二輪の荷車に家庭用品や食料品、靴などを積んだ行商人が集まるようになった。[50] こうした展開については、そもユダヤ系移民の伝統として、行商という形態を好む商人が多かったことも関係していると言われている。[51] いずれにせよ、ジェファソン・ストリートは、様々な露天商たちの格好の商売場所となっていった。

やがて、露天商たちの荷車やスタンドは増加し、ジェファソン・ストリートと交わるマックスウェル・ストリートの方へとあふれ出すようになった。次第に売場の中心はマックスウェル・ストリートへと移り、マーケットは通りに沿って西へと広がることとなった。[52] そして一九一二年には、シカゴ市議会（Chicago City Council）が、マックスウェル・ストリートのうちジェファソン・ストリートとの交差点からホールステッド・ストリートとの交差点までの区間を、公式に「マックスウェル・ストリート・マーケット」と認定する条例を出すに至った。[53]

このように路上マーケットが盛況であった背景には、少なからず地理的要因があった。前章で述べた通り、マックスウェル・ストリートの位置するニアウエストサイド地域は、多様な移民の生活拠点となっていた。特に、東欧・南欧からアメリカに渡ってきたばかりの移民、すなわちイタリア系やポーランド系の移民がそこには暮らしていた。これらの移民にとって、ユダヤ系が始めたこの路上マーケットは、安価に生活必需品を買い求めることができる市場であり、場合によっては物々交換をすることも可能な市場であった。[54] そうした特徴と利用者層の双方を指して、この路上マーケットは当時「ヨーロッパ式のマーケット」と呼称されることもあったという。[55] こうして着実に盛り上がりを見せた路上マーケットは、一九一六年にはより西方のサンガモン・ストリートまで範囲を伸ばし、[56] その規模と存在感を増していった。

そして、一九二〇年代半ば以降、周辺区域に急激に流れ込んできた黒人たちが出入りするようになると、路上マーケットはいよいよ混み合った市場となり始めた。比較的貧しい層の多かった周辺の黒人たちは、「ガラクタ売り」などをして路上マーケットで日銭を稼ぐようになった。[57] 一方、それと同時に、従来路上マーケットを用いてきたユダヤ系の商人たちや東欧南欧系の買い物客たちも、その場に出入りし続けた。特にユダヤ系商人のなかには、黒人流入にあわせてマックスウェル・ストリート周辺区域からノースローンデイル地域に居を移したものの、店舗や売場はこのマーケットに構え続けるという人々が少なからずいた。[58] そして、そういう商人たちがいる限り、従来から日常生活のなかでこの場所を便利に使ってきたほかの移民たちも、やすやすとは離れていかなかった。[59] このようにマックスウェル・ストリートの路上マーケットは、一九二〇年代半ば以降、一九三〇年代にかけて、今まで以上に「多様」な人々がひしめく生活空間となっていった。

ではここで、一九三〇年代の路上マーケットの様相を具体的に見ていこう。まず概観だが、当時の路上マーケットを俯瞰して写した写真を見ると、商品を積んだ荷車や、防水シートを張っただけの簡易なスタンドが一面を埋めつくし、同マーケットを構成していたことがわかる[60]〔写真2—1〕。数百の露店に囲まれた狭い空間は、常に買い物客と売り子の群衆であふれかえっていた。特に日曜日ともなると、マックスウェル・ストリートはおよそ車で通り抜けることが不可能なほどに混雑した[61]。

この路上マーケットでは、生活必需品から取るに足らないガラクタまで、ありとあらゆるものが売買されていた。たとえば、そこには様々な食料品が並んでいた。一九三八年一〇月九日付の新聞『サンデータイムズ』（*Sunday Times*）の記事の中には、安価で多彩な商品が並ぶマーケットの様子を描写したものがあるが、食料品に関しては「やかましい声をあげるアヒルやガチョウ、ニワトリを入れた大きな檻が、縮こまったウサギとウズラ［を入れた檻］の横で投げ売られている」という記述がなされている[62]。ユダヤ系が安息日に食べるガチョウをはじめとしたこれらの動物は、生きたまま並べられ、その場で食肉処理を施されて売られていた。檻に入れられた鳥の鳴き声が通りに響く様は、後にマックスウェル・ストリートの喧騒を語る際の代名詞の一つとなった。また同記事には、山のように積み上げられた果物や、光沢を放つ生魚が店頭に並べられていたこと、スパイスや豆類が桶から手売りされていたことも記されている[63]。それを裏づけるような写真史料も存在する。写真家であり、美術学校の教師でもあったネイサン・ラーナー（Nathan Lerner）が一九三六年に撮影した写真に、路上マーケットの露店を裏側から写したものがある〔写真2—2〕。そこには、寄せ集めの箱に積み上げられた大量のトマトと、商売用の秤が収められている。また、マーシー・センターが周囲の路上マーケットの様子を検証するために撮影した写真には、実際に生魚を売っていた露店が映し出されている〔写

写真 2-1　路上マーケットの概観
出典：Monty La Montaine, "[Street Scene on Maxwell Street,]" c1930-1950, Photograph, Folder#1, Photographs of Maxwell Street, Research Center, Chicago History Museum.（以下、Montaine の写真コレクションと文書館名をあわせて PMS と略記）

写真 2-2　トマトの積み上げられた露店
出典：Nathan Lerner, "[Street Scene on Maxwell Street,]" 1937, Photograph, Folder#1, Box#1, Maxwell Street Photographs by Nathan Lerner, Research Center, Chicago History Museum.（以下、Lerner の写真コレクションと文書館名をあわせて MSPNL と略記）

写真 2-3　生魚を売る露店
出典：“Maxwell Street Market and Storefronts,” n.d., Photograph, Folder #863, Box #64, Marcy-Newberry Association Records, Special Collection, Daley Library, University of Illinois at Chicago.

真2―3〕。このようにマックスウェル・ストリートの路上マーケットは、新鮮な食料品が並ぶ手軽な食材市場となっていた。

　路上マーケットでは、食料品以外にも様々なものが売られていた。一九三〇、四〇年代のマックスウェル・ストリートを活動場所としていた写真家ウィルトン・「マンティ」・ラモンターニュ（Wilton “Monty” LaMontaine）が残した一枚には、歯車やパイプ、水道の蛇口といった金属部品が路上で売られる様子が写し出されている〔写真2―4〕。マックスウェル・ストリート周辺区域の木造小屋は、かなり使い古されたものであるのにもかかわらず、不動産が修理を申し出ないという状況下にあった[64]。そのため、住民自身が住宅

写真 2-4　歯車やパイプといった金属部品の路上販売
出　典：Monty La Montaine, "[Street Scene on Maxwell Street,]" c1930-1950, Photograph, Folder#1, PMS.

写真 2-5　簡素な衣類の安売り、まとめ売り
出　典：Monty La Montaine, "[Street Scene on Maxwell Street,]" c1930-1950, Photograph, Folder#1, PMS.

を修理する必要に迫られ、これらの部品を買い求めたのかもしれない。そうでないにせよ、こういった金属類やときには盗品と思われるような部品類が、この路上マーケットを特徴づける商品の一つであったことは確かである。

さらに路上マーケットを代表する商品としては、衣類をあげることができる(65)。食料品と同様に、荷車やワゴンに積み上げられたシャツ、肌着、下着といった類の衣類は、非常に安い値段で売られていた。ラモンターニュによって撮影された写真を見ると、ごく簡素な衣類が二着合わせて一ドル以下で売られていたことが確認できる〔写真２―５〕。また、衣類に関しては、

写真 2-6　路面に衣服を広げて売る老婆
出　典：Monty La Montaine, "[Street Scene on Maxwell Street,]" c1930-1950, Photograph, Folder#1, PMS.

簡易な屋外の露店ではなく正規の店を構える者も多かった[66]。あるいは逆に、路上に直接ボロきれを広げて得るような人々も、多く存在していた〔写真２―６〕。この振れ幅もまた、路上マーケットの多様さを示す部分であったといえよう。

このように、一九三〇年年代の路上マーケットは、種々雑多な売り手と買い手が出入りする多様で騒がしい空間であった。しかし実のところ、この路上マーケット、および路上マーケットを有するマックスウェル・ストリートは、単に「多様」であるというところには留まらない生活空間となり得ていた。そこには、マックスウェル・ストリート周辺区域の変遷と路上マーケットの成立過程の双方によって培われた、いくつかの空間的特質が作用していた。ゆえに次節では、ここまでの歴史的経緯によって醸成された空間性と、それに起因する人の流れを中心に、マックスウェル・ストリートという「場」についての検討を進めてみたい。

2　ストリートに生じる人流

(1)　曖昧な境界

一九三〇年までに成立したマックスウェル・ストリートの路上マーケットは、生活空間として、シカゴに多く見られる移民や黒人の「居住区」とは異なる性質を持っていた。いかに異なっていたのかといえば、それは第一に、明確な「境界」を持たない生活空間であった。その特質を明らかにするために、ここではまず、居住区がどういった意味で「境界」を持つ空間であったのかを明示しておきたい。

ある面で都市的な空間である居住区は、たとえばリトル・イタリーのようなイタリア系移民街や黒人ゲトーのような黒人街に代表されるように、それ自体で堅固な生活領域《テリトリー》を形成していた。人々は同じ出自、同じ人種の者同士で寄り集まり、その生活空間内で相互扶助的な関係を形成し、互いに売り手買い手となることで自営的に経済をまわした。そうした相互扶助的、自給自足的な生活領域《テリトリー》の性質上、その空間の「境界線」は明確に引かれ、他者の侵入は厭われる傾向にあった。たとえば、厳密にその境界を固持していた居住区、移民街の事例としては、マックスウェル・ストリート周辺区域のすぐ北に隣接していたイタリア系居住区をあげることができよう。当時のイタリア系居住区は、マックスウェル・ストリート周辺区域の北の一辺であったローズヴェルト・ロードを南の境界線としつつ、東西に七、八小区域分《トラクト》を占める移民街であった(67)。イタリア系住民は、このローズヴェルト・ロードの境界を非常に重視し、堅守した。「大移動」以来、マックスウェル・ストリート周辺区域には南部黒人が続々と流れ込んできたものの、黒人たちはこの境界を越えることだけは許されず、一九三〇年に約二%だったイタリア系居住区の黒人人口比率は、一九五〇年になっても約五%のままであった(68)。実際、一九三〇年のマーシー・センター報告によれば、やっとのことで黒人がローズヴェルト・ロードの北側にある小さな教会を購入した際、イタリア系住民は一度たりとも礼拝をさせることなく、その教会を燃やしてしまったという(69)。そこからは、いかにイタリア系住民が、自身の生活領域《テリトリー》の境界と領分とを厳格に見ていたかがわかろう。いわゆる「居住区」の「境界」とは、このような意味を兼ね備えた線引きであった。

しかし、一九三〇年代の路上マーケットには、こうした「境界」がほとんど存在していなかった。一九二〇年代以降の変容を経て、「境界」が希薄化し、曖昧なものとなっていたのである。前章で述べたように、マックスウェル・ストリート周辺区域の居住区は、一九二〇年代半ばのわずか四、五年の間で、ユダヤ系から黒人へと中身がまったく入れ替わってしまうという事態に見舞われた。それにより、マックスウェル・ストリートの路上マーケットを、旧住民のユダヤ系と新住民の黒人が両者気兼ねなく利用するという特異な状況が生じた。この変容を受けて、路上マーケットは今までより一層〈誰にとっての生活領域《テリトリー》であるのか〉が曖昧な生活空間と化した。それはいつしか〈誰にとっての生活領域《テリトリー》でもある〉に転化され、ユダヤ系と黒人以外の売り手と買い手を一層呼び込むことになった。この「境界」の希薄さこそが、居住区とは根本的に異なる路上マーケットの空間的特質であるといえる。そしてそれにより路上マーケット、および路上マーケットを有するマックスウェル・ストリートは、ただ多様な人がそこにいるという「場」ではなく、多様な人々が入れ替わり立ち替わり、好きに流れ込んでは好きに去っていくという「雑然とした場」になり得たのである。

（２）流動性と開放性

では、ここでもう一つ別の角度から、マックスウェル・ストリートに芽生えた空間性について考えてみたい。ここでもやはり、検討の端緒となるのは、一九二〇年代半ば以降に周辺区域に流入し、マックスウェル・ストリートに出入りするようになった黒人の存在である。着目したいのは、そこに流れ込んだのが、どのような特色を持つ黒人であったのかということだ。前章でも取り上げた社会学者のレイファーは、マックスウェル・ストリート周辺に関する地域報告書（一九三〇年）で、「この地域の黒人の多くは、南部から直接入ってきている」との見解を示した。(70) これは後年の研究でも指摘されることで、南部の比較的貧しい黒人が、格安で借りられる老朽化した住居を求めて、黒人ゲトーではなくマックスウェル・ストリート周辺区域に流入していた、というのが通説である。

しかしここではむしろ、こうした南部黒人たちが流入した「後」にどのような動きを見せたのかということについて報告した、二つの機関の証言に着目してみたい。一九二〇年代中頃、マックスウェル・ストリートとニューベリー・アヴェニューの交差点付近にあるライイング・イン診療所で、多くの黒人患者を受けて入れた職員フローラ・ダグラス（Flora Douglas）は、南部から新しく入ってくる黒人たちについて、「これらの貧しい人々は、雇用のなさや住居環境の悪さ、娯楽のなさを要因に、すぐこの地域から出ていってしまうんです」との発言を残した。(71) 黒人児童、そしてその背後にいた黒人の親たちが、南部から流入したのち、いかにこの地に「居つかないか」という所感を述べたものだと考えられる。同様に、一九三五年よりマックスウェル・ストリート周辺区域の黒人とメキシコ系を対象に活動を展開していた福祉組織ニューベリー・アヴェニュー・センター（Newberry Avenue Center）は、サービスを受ける黒人児童について、一九三八年の年次報告書で次のような報告を示した。「この地域の住民はきわめて流動的で、我々はシーズンごとに多くの新しい子供を迎え入れています」[72]。同センターは、スミス・スクールと同じく黒人たちがいかに「居つかないか」を報告する一方で、いかに新たな南部黒人たちが継続的に入ってきていたのかも示唆している。この両組織の報告からもわかるように、一九二〇年代半ば以降、マックスウェル・ストリート周辺区域に流れてくる黒人たちは常々「流動的」な動きをみせた。そして、この動きはマックスウェル・ストリートの性質に影響を与えた。同ストリートにはいつでも「新顔」がいる状況が生まれ、顔ぶれの変化が顕著となり、誰が出入りしているのか誰もわからないという状態が常となった。黒人たちの動きがもたらしたこの「流動性」こそ、一九三〇年代のマックスウェル・ストリートに加わった新たな空間的特質であった。

常に人が入れ替わり、行き過ぎるような状況は、誰でもが入ってきやすいという意味で「開放性」にもつながった。たとえば一九三〇年代の路上マーケットには、マックスウェル・ストリート周辺区域の住民やウエストサイドの住民だけではなく、外部から物見遊山で訪れるような人々も増加した[73]。そうした人々は、必ずしも生活必需品を求めるのではなく、珍品や掘り出し物の類を欲して路上マーケットを訪れた。目的が目的だけに、そうした人々は中流層や富裕層に属する者が多かった。主に休日に露店をのぞきに訪れるそれらの人々は、路上マーケットを扱う記事でも「観光客」「冷やかし」として存在を認知されるようになり、路上に出入りする顔ぶれの一端を担うようになった[74]。こうしてマックスウェル・ストリートは開かれた生活空間となり、そのとき一度限りの人々も多く出入りするという点で、一層「雑然」とするようになった。

＊　＊　＊　＊

以上のように、「境界」の曖昧さや「流動性」「開放性」といった空間的特質が所以となり、一九三〇年代のマックスウェル・ストリートでは、雑多な人々が入れ替わり立ち替わり、目まぐるしく行き来するのが常となった。辺りに住む黒人や、元住民のユダヤ系移民、その他ニアウエストサイド地域に暮らすイタリア系移民やポーランド系移民が入り混じるように日々の売り買いに訪れる一方で、シカゴに着いたばかりの南部黒人が継続的に流れ込み、その場限りの「冷やかし」たちも訪れては去っていく。このようにして、当時のマックスウェル・ストリートは「雑然とした場」と化したのである。

第3章　路上の変容への対応――二つの近隣組織を中心に

一九三〇年前後、マックスウェル・ストリートが「雑然」としていくのと時を同じくして、同ストリートの近辺では様々な動きが生じた。では、「雑然とした場」と地続きの近隣世界は、同ストリートに対していかなる相関性、あるいは複層性をもってゆれ動いたのであろうか。ここからは少々目線を転じ、このマックスウェル・ストリート近辺の動向について、検討していくこととしたい。

1　ウエストサイド歴史協会の始まり

一九二〇年代後半、マックスウェル・ストリート近隣のウエスト・ガーフィールドパーク地域において、ある一つの地域組織が設立された。その組織とはウエストサイド・ルーム・プロジェクト（West Side Room Project）、後のウエストサイド歴史協会（West Side Historical

Society）であった。シカゴ公共図書館レグラー支部（The Legler Branch of The Chicago Public Library、以下レグラー図書館）を本拠とするこの組織は、ウエストサイド一帯にまつわる史料を収集、公開するために立ち上げられた。そして、設立から一九三〇年代前半を通して、組織活動の礎を築いていった。[75]本章では初めに、このウエストサイド歴史協会の黎明期の動向について、検証を進めることとする。

（1）設立者パールの来歴

ここではまず、組織の発起人となったレグラー図書館司書、パール・I・フィールド（Pearl I. Field，以下パール）がいかなる人物であったのかをおさえることから始めていきたい。具体的には、パールの血筋や住生活、日々の動きなどに着目することで、その人物像への接近を試みていく。

国勢調査の原典によれば、パールは一八八六年にノースダコタ州に生まれたアイルランド系三世の女性であった。[76]そのアイルランド系の血筋は、母ルイーズ（Louise L. Mann，一八六六年生まれ）の家系に由来する。ルイーズの両親、すなわちパールの母方の祖母マーガレット（Margaret Shannon，一八四二年生まれ）と祖父ジョン（John Casy，一八四〇年生まれ）は、それぞれ一八六〇年、一八六一年にアイルランドからアメリカへと渡った移民一世だった。二人は渡米してすぐ、一八六二年に結婚した。ジョンは警察官、マーガレットはハウスキーパーとして働きながら、六人の子供を育て、アメリカでの暮らしを確立していった。そうした生活を送る中、一八七〇年前後には、一時的にシカゴに居住していたこともあったようだ。後にパールは、ウエストサイド歴史協会の活動の中で、一九世紀半ばのまだ未成熟なシカゴで「勤勉」に暮らした「旧住民」に対して確かな敬意を示していくようになる。その背景要因の一つには、かつてのシカゴに暮らし、着実に生計を立てていった自身の母方の家族史があったと考えることができる。

生まれてから一四歳になる頃まで、パールがどこでどのように暮らしていたのかは定かではない。しかし、少なくとも一九〇〇年には、彼女の一家は改めてシカゴに住むようになっていた。パールは一九〇〇年から一九一〇年にかけて、継父ヘンリー（Henry L. Mann, 一八六六年生まれ）、母ルイーズ、妹ルイーズ（Louise L. Field, 一八八九年生まれ）と四人で、サウスサイドのグランド・ブルヴァード地域に暮らしていた(77)。この地域は、一八九〇年代に開発が進んだ新興の白人地域であった。一帯には質の良い戸建ての煉瓦家屋が立ち並び、場所によっては、弁護士や貿易商人といった社会的地位の高い人々とその家族が多く住むような居住区が形成されていた(78)。継父ヘンリーが製鉄会社で現場監督を務めていたということもあり、パールの一家も、そうした水準の高い居住区に住まいを借りていた(79)。このように社会経済的に「安定」した住環境のもと、パールは一〇代後半の時期を過ごし、やがて高校を卒業して、図書館司書の職に就くに至った(80)。

ところが、一九一〇年から一九二〇年にかけて、パールの自宅付近の環境は大きく変化することとなった。地域に急激に黒人が流入し、ほとんど黒人集住地区の様相を呈し始めたのである[81]。第1章で見たように、この頃はちょうど、南部黒人の北部への「大移動」が始まった時期であった。シカゴの黒人人口は増加の一途を辿り、元来「ブラック・ベルト」と呼ばれていたサウスサイドの黒人集住地区は、主に南にその範囲を拡大させた。結果として、パールの住んでいたグランド・ブルヴァード地域は、真っ先にその波に飲まれていったのである[82]。

居住区の人種構成の急変を受けて、既存の白人住民の多くは、別の地域へと「脱出」を図った[83]。パール一家もまた、一九二〇年までにやや南へと居を移し、ウッドローン地域の北部、ハイドパーク地域とワシントンパーク地域の境界付近に住むようになった〔図3―1aを参照〕。そこは拡大した黒人集住地区の範囲外であるということはもちろん、住民層や住宅価値といった点で、以前とさして変わらぬ水準にある居住区であった[84]。この事実からは、パールらが黒人流入で変わりゆく地域環境を良しとせず、「安定」した住生活の継続を求めていたことがうかがえる。

しかし、パール一家は、移り住んだ先でもすぐさま同様の変化に見舞われることとなった。一九二〇年から一九三〇年にかけてのシカゴへの一層大規模な黒人流入、統計上では一二万人にも及ぶ黒人人口の増加を受けて、サウスサイドの黒人集住地区はさらに南への拡大を見せたのである。一九三〇年までに、集住地区はワシントンパーク地域全体に広がり、巨大な「黒人ゲトー」を形成するに至った[85]。

その拡大の規模と勢いのせいもあってか、地域一帯では、各所で激しい反発や動揺が生じた。たとえば、直接流入を受けたワシントンパーク地域の白人住民の多くは、やはり変わりゆく地

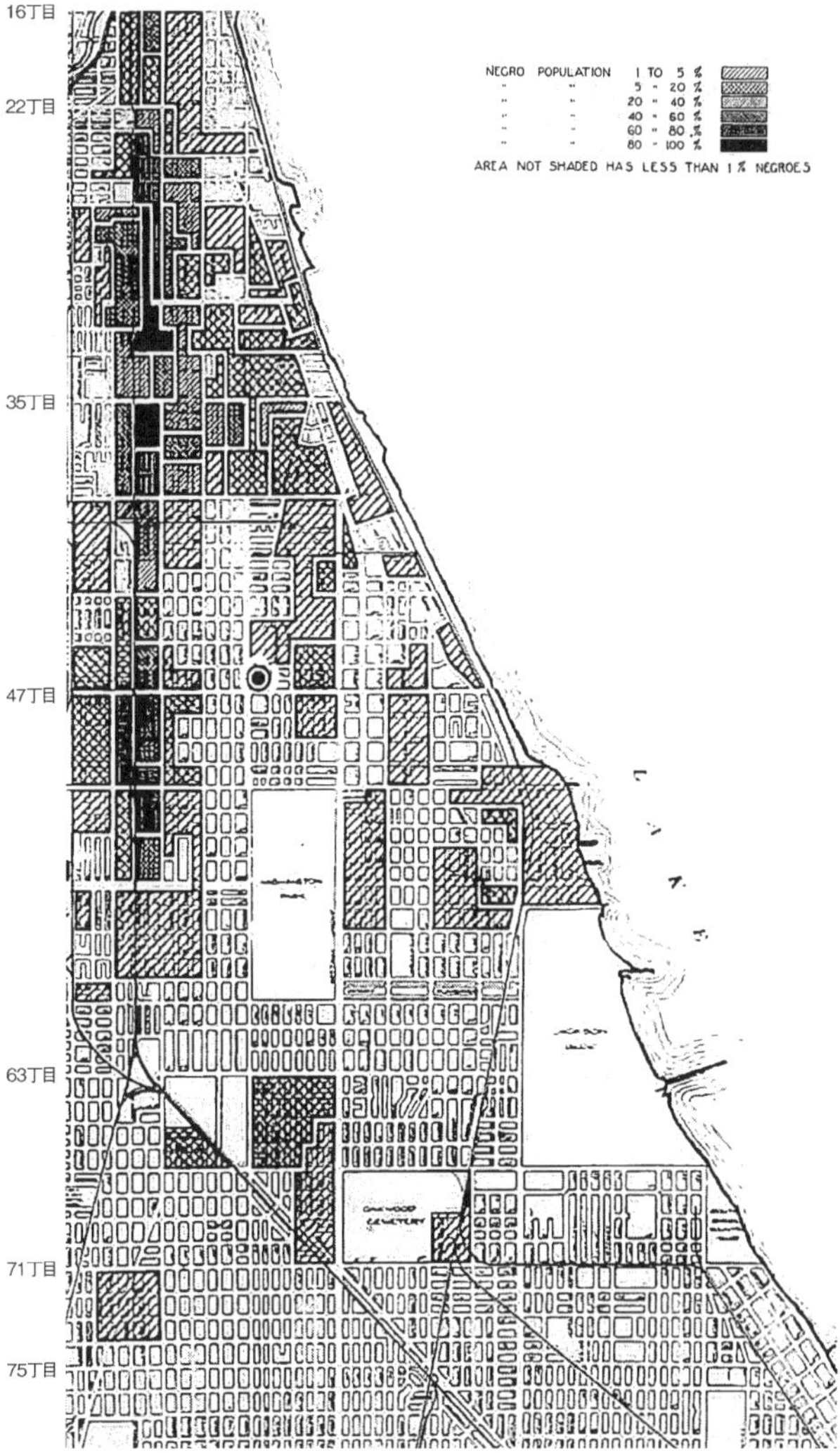

図3-1　サウスサイドにおける黒人居住区の拡大とパール一家の移動
図3-1a　1910年時点の黒人居住区とパール宅　パール宅は◉地点（4608 Vincennes Avenue, Chicago, Cook, Illinois)
出典：The Chicago Commission on Race Relations, *The Negro in Chicago: A Study of Race Relations and a Race Riot* (Chicago: University of Chicago Press, 1922; reprint, Charleston: Nabu Press, 2010), p. 116 より作成。

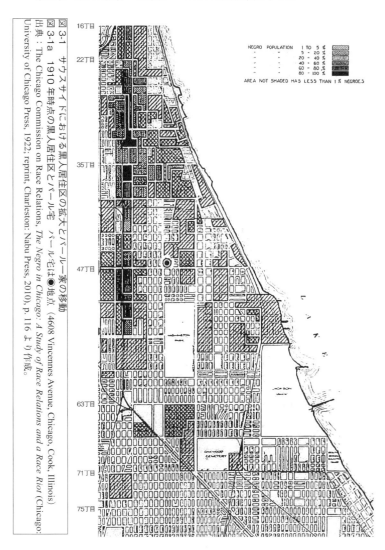

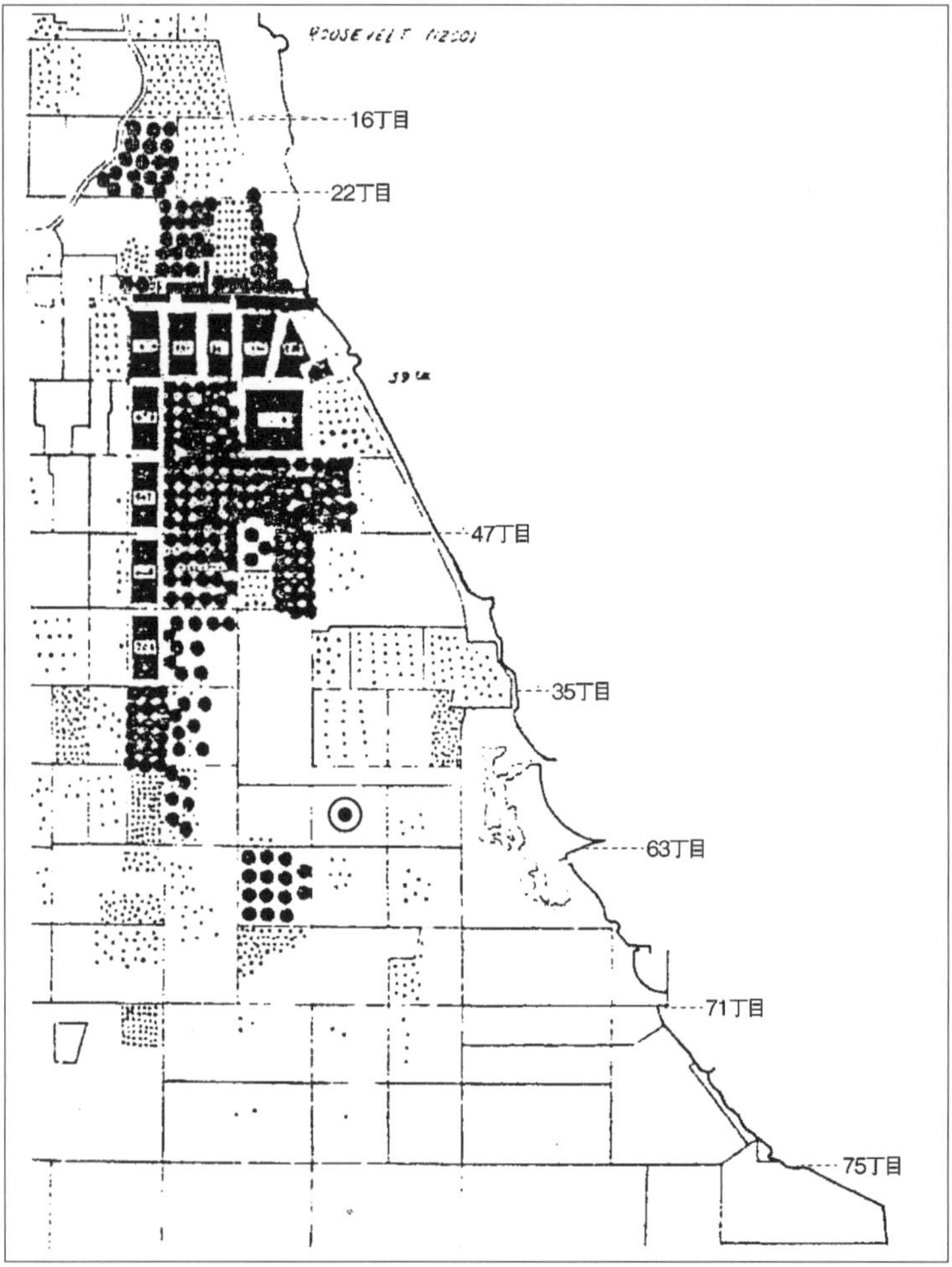

図 3-1b　1920 年時点の黒人居住区とパール宅
パール宅は◉地点（6118 Ingleside Avenue, Chicago, Cook, Illinois）
出典：Ernest Watson Burgess and Charles Newcomb, eds., *Census Data of the City of Chicago, 1920* (Chicago: The University of Chicago Press, 1931), pp. 626-627 より作成。

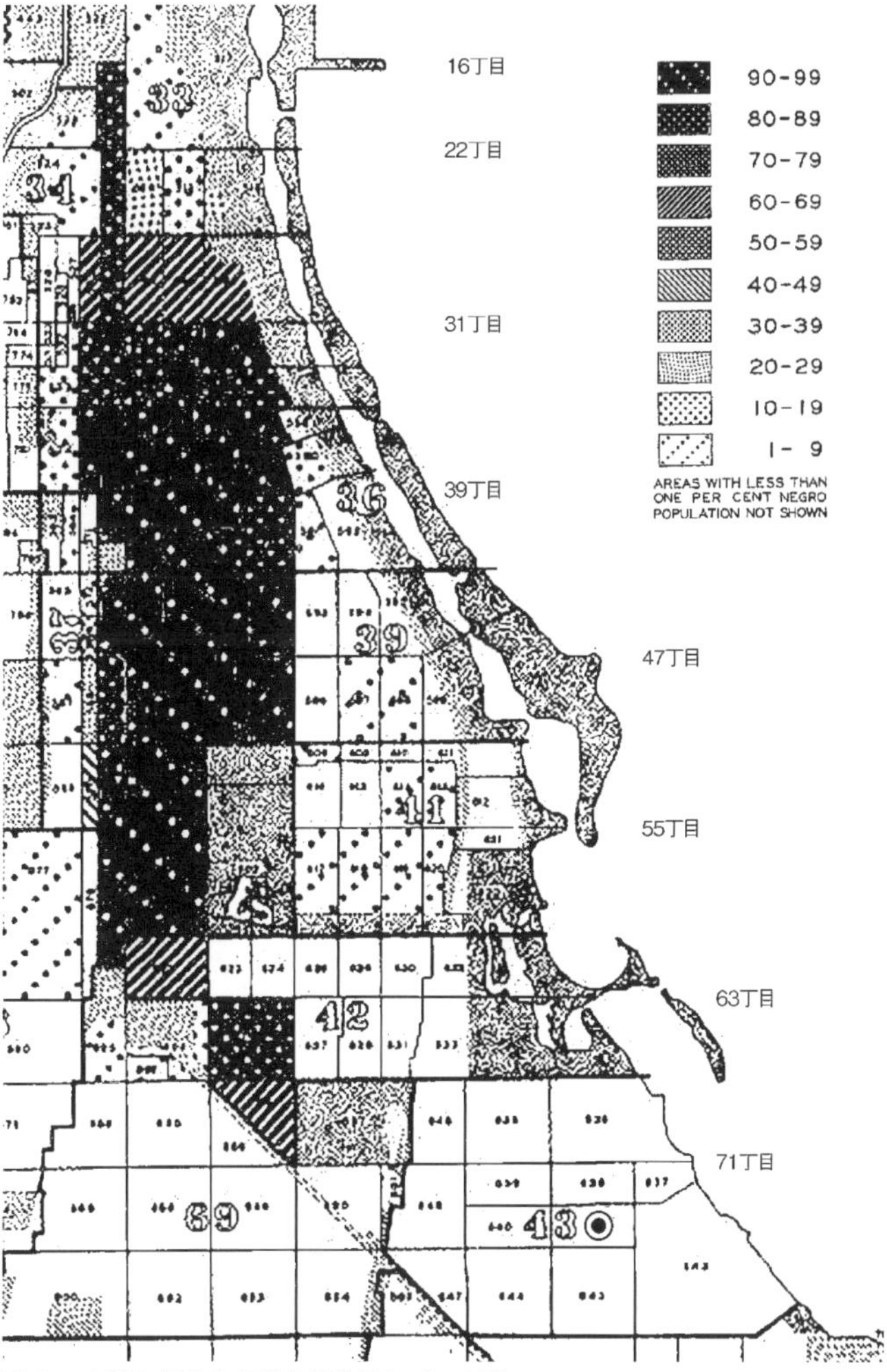

図3-1c　1930年時点の黒人居住区とパール宅
パール宅は◉地点（7346 Luella Avenue, Chicago, Cook, Illinois）
出典：Ernest Watson Burgess and Charles Newcomb, eds., *Census Data of the City of Chicago, 1930* (Chicago: The University of Chicago Press, 1933), pp. 680-681 より作成。

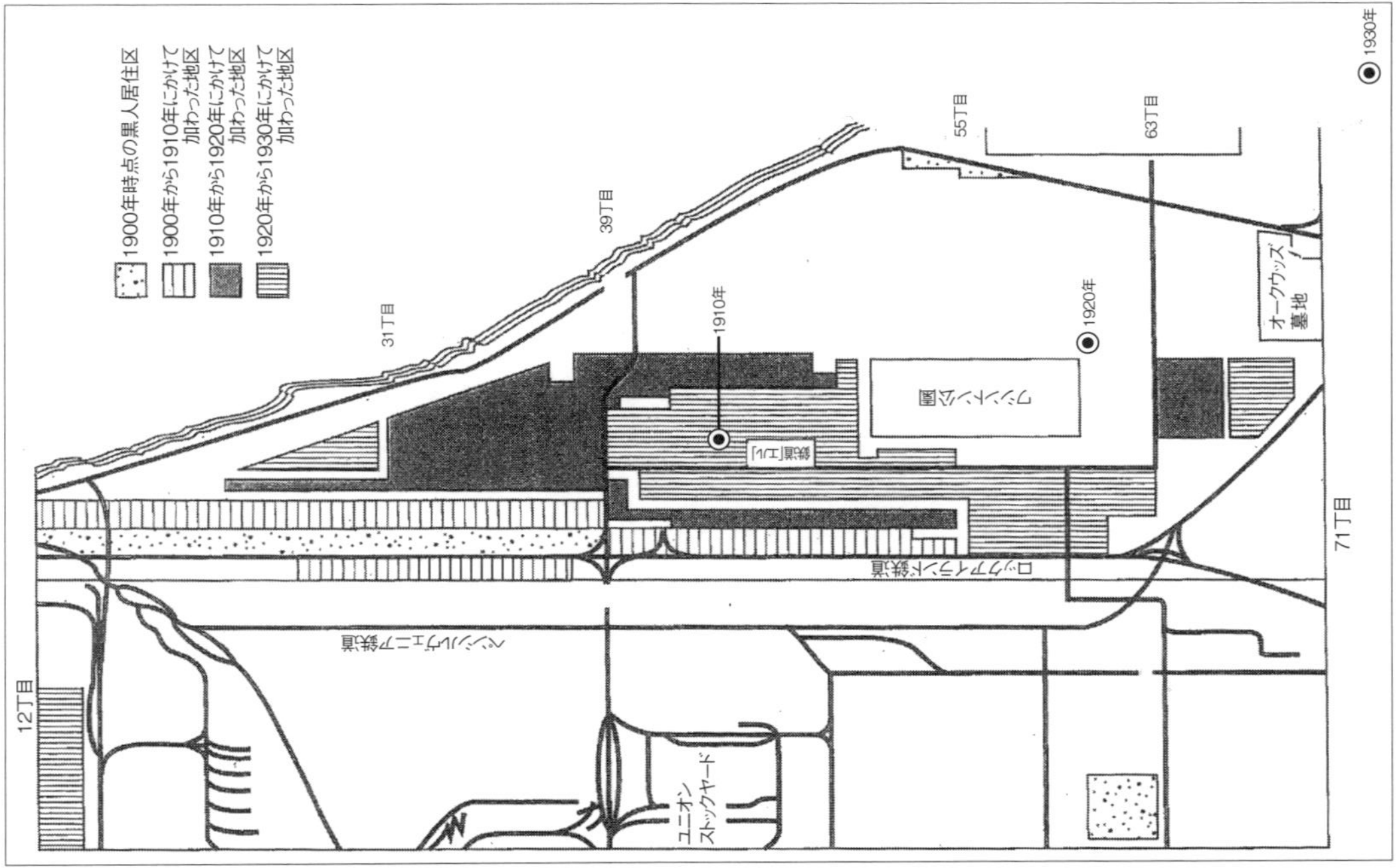

図 3-1d　黒人居住区とパール宅の推移
出典：Thomas Lee Philpott, *The Slum and The Ghetto: Neighborhood Deterioration and Middle-class Reform, Chicago, 1880-1930* (New York: Oxford University Press, 1978), p. 134 より作成。

域からの「脱出」を試みた。[86] 隣接するハイドパーク地域の一部の白人住民や不動産業者は、家を爆破するなどの強硬な手段で、黒人の「侵入」に抵抗を示した。[87] そんななか、既存住民のうちでも比較的裕福な層、かつ黒人流入の余波を確実に回避したい層は、こぞってサウス・ショア地域への移住を選んだ。[88] このサウス・ショア地域は一九二〇年代に発展した新興の「郊外」住宅地であり、同時にそれ以前から、黒人の流入を拒む住民クラブを結成していた地域であった。[89] すなわち、「より良い」環境に逃れることを求める層にとっては、まさしく格好の避難先だったのである。

「黒人ゲトー」の境界が自宅のすぐ北まで迫りくるなかで、パール一家が選択したのも、このサウス・ショア地域への移住であった。一家は一九三〇年までに、同地域のルエラ・ストリートに二万ドルの持ち家を購入し、移り住んだ[90]〔図3—1を参照〕。その辺りは、これまで以上に中上流層の集う居住区だった。近所も概ね二万ドル以上の持ち家に住む家庭ばかりで、多くが核家族で暮らしており、また家によっては住み込みの使用人を雇っていた。[91] パール一家もこの頃には、継父ヘンリーとパールに、使用人のルーニー（Rose Rooney, 一九〇七年生まれ）を加えた三人暮らしをするようになっており、[92] その面では、地域の特質に見合った住生活を送り始めていた。それはいってみれば、黒人ゲトーとの接触を避け、より「安定」した住環境を求めた結果であった。

以上を改めてまとめると、もとより黒人集住地区のやや南側に居を構えていたパール一家は、時代毎に、黒人ゲトーの拡大とほとんど同期するように、住居を南下させていったということになる。それは言い換えれば、元々の居住地域が黒人ゲトーに塗り替えられるたびにその地を離れ、新たな南郊外へと生活拠点を移していったということにほかならない。黒人の流入と距離を置き、常に「安定」した住環境を求めていくパールのその生活者としての価値観は、後に述べるようにウエストサイド歴史協会の活動に大きく反映されていくこととなる。

居住の面では常にサウスサイドを転々としてきたパールであったが、職場については、必ずしもその近隣というわけではなかった。先に触れたように、パールはシカゴ公共図書館で司書として働いていた。一九一〇年、少なくとも二四歳の時点でその職についていた彼女は、(93)一九二〇年頃、当時新設されたウエストサイドのレグラー図書館に配属された。(94)そしてそれ以降、一九二〇、三〇年代を通して、そこに勤務し続けた。つまりパールは半生を通じて、居を変えつつも、サウスサイドの自宅からウエストサイドの職場まで通勤する日々を過ごしていたということになる。

では、出退勤という行為を通して、パールは毎日シカゴをどのように動いていたのであろうか。通勤経路を考えてみよう。たとえば電車を利用していた場合だ。当時の市内鉄道の路線図を参考に考えてみると、仮にパールが電車通勤をしていた場合、ウッドローン地域に住んでいたときでもサウス・ショア地域に住んでいたときでも、まずはシカゴ・ノースショア・アンド・ミルウォーキー鉄道〔図3―2、太線部〕を使って、都心のループ地域まで北上していた可能性が高い。次いでそこからフォレスト・パーク行きのシカゴ・ラピッド・トランジット線〔図3―2、点線部〕か、もしくはシカゴ・オーロラ・アンド・エルジン鉄道〔図3―2、破線部〕に乗

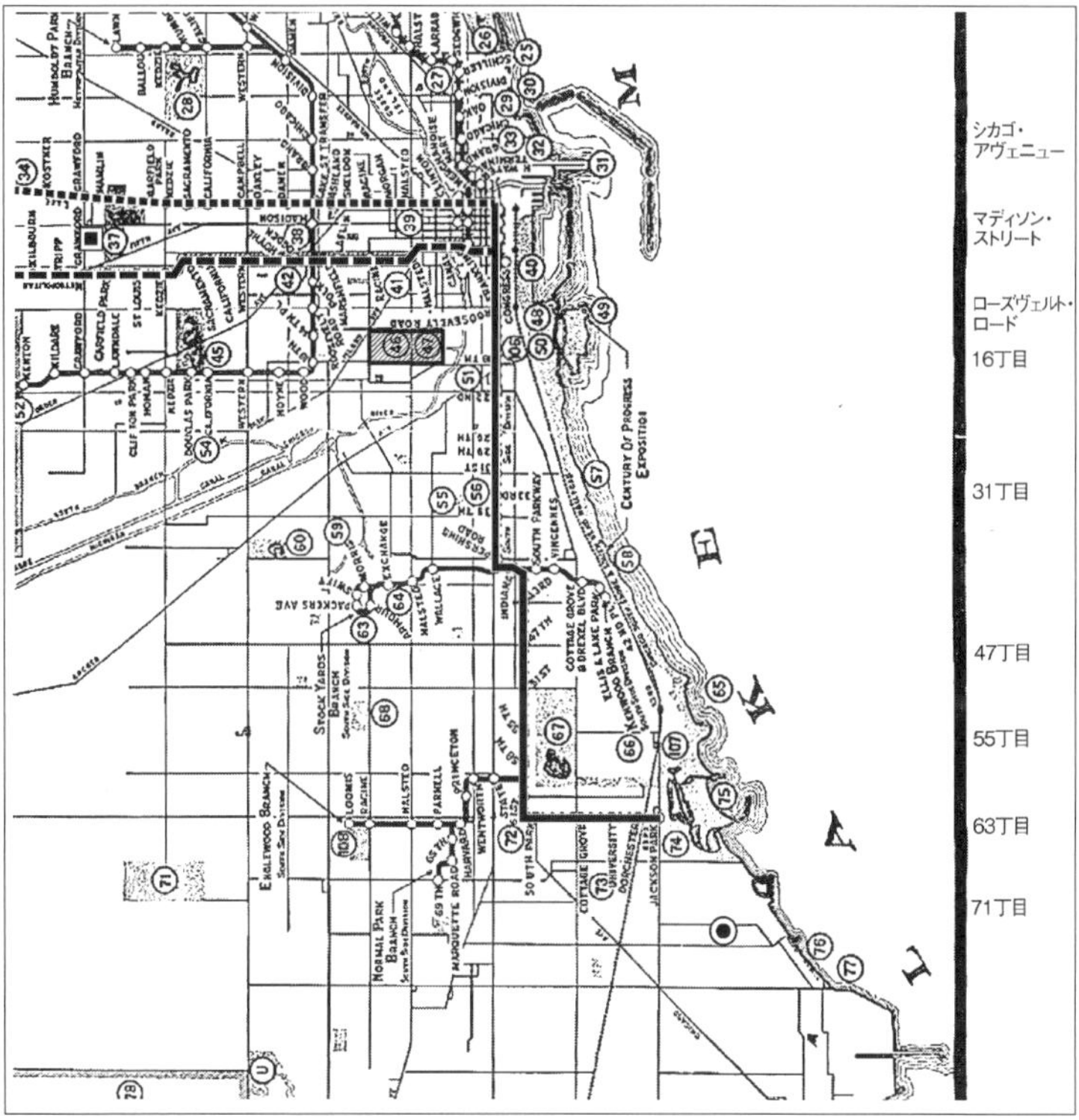

図 3-2　シカゴの市内鉄道路線とパールの生活圏
太線部はシカゴ・ノースショア・アンド・ミルウォーキー鉄道、点線部はシカゴ・ラピッド・トランジット線、破線部はシカゴ・オーロラ・アンド・エルジン鉄道。
◉はパール宅、▣はレグラー図書館、斜線部はマックスウェル・ストリート周辺区域。
出典："CTA Surface System History Presented by The Illinois Railway Museum," Illinois Railway Museum, accessed 16 May 2019, http://irm-cta.org/RouteMaps/PreCTA/PreCTA.html より作成。

り換え、ウエストサイドを東端から横切るかたちで、図書館裏のクロウフォード駅まで向かっていたと考えられる。あるいは車を使っていた場合でも、ルートはほとんど同様だろう。サウスサイドを南北に貫く主要な道路、たとえばステイト・ストリートなどで都心部まで北上し、そこからハリソン・ストリートやマディソン・ストリートでウエストサイドを横切って、職場に向かっていたはずである。こうして見ると、パールは日々、サウスサイドとウエストサイドの只中を行き過ぎながら、比較的広範囲に市内を移動していたことになる。

両地域の只中を移動する生活のなかで、パールは毎日、地域の様々な事情や変化を目の当たりにしていたことだろう。特に、パールが利用する通勤経路は、シカゴの中でも黒人流入の「渦中」にある場所を直接的に通過するルートでもあった。たとえばサウスサイドのシカゴ・ノースショア・アンド・ミルウォーキー鉄道は、かつてパールが暮らした諸地域、「黒人ゲトー」へと急激に飲み込まれていった諸地域を南北に通る路線であった。また、ループ以西の二つの鉄道は、比較的貧しい層の黒人たちの流入をきっかけに混然とし始めていたマックスウェル・ストリート周辺区域を行き過ぎる路線であった。自身の住生活において、黒人流入現象と密接に関係してきたパールが、こうした地域の様相を目に留めないとは考えにくい。ゆえに、パールは毎日の広範囲な出退勤のなかで、黒人流入に伴う各地域の変化をしかと視界におさめていたと考えられる。そして、パールが日々の生活においてこれらの事象を意識していたという点もまた、後に述べるように、ウエストサイド歴史協会の展開と密接に関わってくるのである。

(2) ウエストサイド・ルーム・プロジェクトの始動と問題意識

一九二六年、ウエストサイドのサウス・ローンデイル地域にあったハリソン高校で、図書館会議が開催された。パールも出席したその会議において、シカゴ公共図書館の主任司書カール・B・ローデン（Carl B. Roden）から、地域史活動に関するある重要な提言がなされた。すなわちそれは「それぞれのコミュニティは、自身のコミュニティに関係する歴史資料の収集と保存に関心を持つべきである」という提言であった。(95) この考えに触発されたパールは、すぐさまレグラー図書館で独自のプロジェクトを開始した。「ウエストサイド・ルーム・プロジェクト」と銘打たれたその活動は、ウエストサイドの史資料やかつての住民情報などを集め、同地域にルーツや思い入れのある人々に向けて公開していこうとするものであった。パールらは、図書館一階の一室をプロジェクト専用の部屋として割り当て、史料の収集と小展示をスタートさせた。これが後のウエストサイド歴史協会へとつながる第一歩となった。(96)

そして一九三〇年、同プロジェクトに一つの転機が訪れる。レグラー図書館傍のスーパーマーケット「マディガン・ブラザーズ」を経営していたジョージ・マディガン（George Madigan）が、パールらプロジェクト関係者に、ミッドウエスト・アスレチッククラブの春フェスティバルでブース展示をしてほしいと声をかけてきたのである。依頼を受理したパールらは、早速、図書館職員のマーサ・シーワー（Martha Seewer）を担当者に据え、春フェスティバルに向けて史料の整理を進めた。これまで収集していた中から、新聞記事の切り抜きや写真を取り上げ、一九世紀のウエストサイドをテーマとする展示を改めて作り上げた。結果、ブース展示は春フェスティバルを訪れた地域関係者に好評を博し、パールらは初の公の場でプロジェクトに関心を集めることに成功した。これを機に、パールたちは同プロジェクトをさらに展開させ、ウエストサイド歴史協会の設立に向かうこととなったのである。[97]

では、発起人のパールはいかなる問題意識のもと、歴史協会の前進たるこのプロジェクトに着手していったのであろうか。その一端は、ブース展示（一九三〇年五月）を終えた直後にパールが記した、エッセイの下書きと思しきメモの冒頭部分に現れている。[98] プロジェクトの概要を提示するこのエッセイの中で、パールは活動開始の背景について、次のような記述を残した。

　レグラー図書館の周辺区域がセントラルパークの集落《ヴィレッジ》に属していた頃でさえ、［その区域には］確固たる地域の誇りがありました。地域的な自意識というこの感情は、時がたち、区域がシカゴの境界内に吸収されていくにつれ、消えていっているわけではありません。むしろ強まってきているように思われます。今日その感情は、ガーフィールドパーク地域のために活動し、その評判を維持するのに貢献している多くの強固な地域組織の中で、顕在化しています。こうした背景のもと、［地域には］歴史を理解するための拠点が必要とされています。[99]

パールはここで、地域の「評判を維持」するために、昨今ガーフィールドパークを中心に据えた地域意識が高まりを見せている、という旨を強調する。続けて、「こうした背景のもと、「地域には」歴史を理解するための拠点が必要とされています」と述べることで、自分たちのプロジェクトはそうした流れの中で開始されたものなのだ、という見解を示す。裏を返せば、パールは活動開始の前提として、維持を試みなければならないほどに地域の評判が下がりつつあるという危機的現状を、第一に見据えていたことになる。すなわち、この「地域衰退への懸念」こそが、パールをプロジェクト推進へと駆り立てた問題意識だったのである。

こうした意識は、プロジェクトの本格化に際してパールが関係者に送った手紙のなかにも表れている。以下は、人づてに入手したアドレスをもとに、市議会議員のジョン・S・クラーク(John S. Clark)に理解と協力を求めた手紙の冒頭部分である(100)。

シカゴ公共図書館のレグラー支部は、ウエストサイド・ルームを組織するのに大変忙しくしております。私たちは、その部屋が、この地域の発展に関する多くのリクエストに対して、要求を満たすことを望んでいます(101)。

ここでパールは、同プロジェクトがシカゴ史やシカゴ全体への貢献のためよりも、まずもって「地域の発展」のためにあるということを、真っ先にアピールしている。もちろん、クラークがウエストサイドの発展に強く関心を寄せる市議であった可能性もないわけではないが、それでも、はじめて手紙のやりとりをする相手に前置きもなく単刀直入にその方針を伝えるあたり、そこには某《なにがし》かの切実な思いが滲んでいるように見て取れる。先の草稿とあわせて読むと、そこに込められていたのは、地域の「衰退」に対処したいという強い思いだったと考えることができよう。

では、パールは具体的には何を地域の「衰退」ととらえていたのであろうか。ここで想起されるのは、パールが日常的に視界に収めていた先の光景である。日々の通勤生活において、パールは、大都市シカゴ特有ともいえる、黒人流入に伴う地域変化を目の当たりにしていた。特にウエストサイドに関していえば、同時代的に進行するマックスウェル・ストリート周辺の変容を、パールは視界にとらえていた。この地域変化、すなわち比較的貧しい黒人層の急激な流入、雑然としたストリート空間の出現、それに伴う旧住民の地域内移動の激化、といった一連の事象は、かねてよりウエストサイドに関わってきた人々にとっては、明らかに「混乱」や「荒廃」「衰退」と映りかねないものであった(102)。ましてパールは、自らの住生活において、黒人の「侵入」によって変わりゆく地域を避け、より「安定」した環境を求めてきた経験を持つ人物である。その価値観、判断基準からすれば、マックスウェル・ストリート周辺区域への急激な黒人流入に端を発する諸事象を、地域の「衰退」や「混乱」と結びつけて考えていたとしても不思議ではない。さらにいえば、自身の祖父母のような勤勉な初期入植者たちが築いたかつてのウエストサイドと、眼前の実情がかけ離れていくことへの不安感もそこにはあったかもしれない。以上を鑑みると、パールが元より日々のシカゴ生活の中で、ウエストサイドの一部区域への黒人流入とそれに伴う地域変化を「衰退」の予兆と感じていた可能性は高い。その日常的な危機感が、おりよく為された地域史料の収集を促すローデンの提言により問題意識として前景化し、プロジェクトへと結実することになったのである。

パールのこの問題意識は、ウエストサイドの人々の間に、ある一定以上の共感を呼んだ。先に記した通り、春フェスティバルのブース展示には多くのウエストサイド関係者が訪れたわけだが、そのうち複数の人々がプロジェクトに共に参加することを申し出たのだ。(103) 後に初代運営役員となり、組織史において「最初期の協力者」と称されるようになるその人々は、(104) ウエストサイドへの関わり方をそれぞれ異にする多様な面々であった。名乗りをあげたメンバーを見てみると、たとえば、保険会社のセールスマンであったフランク・オルデン（Frank Alden、一八七一年生まれ、五九歳）は、シカゴのすぐ西隣のオーク・パークに住みつつ、ウエストサイドのオースティン地域の職場へと通う人物であった。(105) アイルランド系二世のジョン・マッケナリー（John T. McEnery, 一八六二年生まれ、六八歳）は、オルデン同様、西郊外からウエストト・ガーフィールドパーク地域の職場に通う不動産業者であったが、それに加えてプロジェクトが関心を寄せる「旧住民」の子孫でもあった。(106) ドイツ系二世の銀行員アーサー・マーカート（Arthur A. Marquart, 一八七九年生まれ、五一歳）は、やはり西郊外のオーク・パークに住んでいたが、マーカートの両親の家はかねてよりレグラー図書館付近に位置していた。(107) ほかにも、メイベル・オバハート（Mabel Oberhart, 一八七七年生まれ、五三歳）(108) や先のジョージ・マディガン(109) のように、少なくとも三〇年以上ウエストサイド中の居住区を点々としながら、地域の教育や小売りに関わり続けている者たちもいた。このように出自も現居住地も、ウエストサイドとの関わりも多様な面々であったが、これらの人々はパールに共感を示し、パールのもとでまとまりをみせた[110]。それはひとえに、それぞれの形で日常的にウエストサイドに携わってきた人々が、いかに各々の立ち位置から「衰退」への危機感を募らせていたかということの証左であろう。こうして「地域衰退」への懸念を軸に基盤を固めたウエストサイド・ルーム・プロジェクトは、ブース展示以降、より本格的な組織化へと乗り出していくことになったのである。

2　理想を掲げて――「地域史」および「地域コミュニティ」創出の試み

(1)「地域史」の構築

一九三〇年五月のブース展示には、「最初期の協力者」たちだけではなく、多くのウエストサイド関係者が足を運んだ。活動主旨に賛同するビジネスマンやかつてのウエストサイドを知る住民らが続々と集まり、ブースには、新たな史料や写真、旧住民の情報などが持ち込まれた。パールらプロジェクト運営者は、これらの情報と熱気をもとに、同年一〇月に旧住民集会(old settlers meeting)を開催することを決定した[111]。

この集会には、実に三〇〇名以上の旧住民と現ウエストサイド関係者らが参加した。人々はそれぞれ再会や展示閲覧、そして各講演者のスピーチを楽しんだ[112]。確かな手ごたえを感じた運営者らは、翌年一〇月にも同様の会合を開催し、そこでこの活動を組織化していくことを提案した。提案は可決され、その場で、史料の収集と公開、および年次大会としての旧住民集会の運営を目的とする「ウエストサイド歴史協会（The West Side Historical Association）」が立ち上げられた。ウエストサイド・ルーム・プロジェクトからの流れで、初代会長にはパールが、その他の役員には「最初期の協力者」たちが就任した。こうして、レグラー図書館の一室から始まったプロジェクトは、運営、会員に多様な人々を巻き込みながら、より本格的な組織活動へと形を変えていった。

その後、一九三五年五月の年次大会で、歴史協会はさらなる活動の充実をもくろみ、組織体系を更新した。それにあわせて、名称も「ウエストサイド歴史協会（The West Side Historical Society）」へと改められた。この改編を経て、同協会は『会報』の発行やウエストサイド歴史ツアーの開催など、一層活動の幅を広げていくこととなった。[113]

以上がウエストサイド歴史協会の黎明期にあたるわけだが、この時期の同協会の活動は、主に二つの方針に基づいて行なわれていた。その一つは、一九世紀後半を起点にウエストサイドの「地域史」を構築する、という方針であった。そのなかで特に重要な役割を担ったのは、年次大会の前後に会員向けに発行されていたお知らせ《ニューズレター》である。お知らせ《ニューズレター》の第1号は、初回の旧住民集会（一九三〇年）の直後にレポートとして発行された。[114]同協会は、この紙面上で、いまだ未成熟であった史料コレクションのなかからいくつかの「興味深い」史料を選定し、簡易な文章で紹介することを試みている。[115]言及がなされたのは「学校の授業風景を写した古い写真」

や「在りし日（一八八〇年代）のガーフィールドパークの様子を表す写真」について、そして一八八〇年代初頭にマディソン・ストリートを走っていた「ダミー」と呼ばれる二両編成の路面電車の写真についてであった。[116] 加えて同協会は、続く文面で、ウエストサイドがいかに「多様な歴史の側面」を持ち合わせていたのかをアピールしている。[117] すなわち同協会は発足当初から、「地域史」構築の第一歩として、ウエストサイドが豊かな歴史を備えていることそれ自体をまず主張していこうとしたのである。

さらに一九三一年以降、協会組織発足に伴い史料コレクションが充実し始めると、[118] 同協会は自身の描く「地域史」により明確な志向性を与えていくようになる。一九三一年の年次大会後に発行されたお知らせ《ニューズレター》において、同協会は再びコレクション内の注目すべき史料について取り上げている。[119] 今号で言及されたのは、「リンカーン夫人が一時期暮らした家の写真」および「紳士たちの乗馬場と自転車トラック（一八八〇年代）を写した写真」についてであった。[120] 前号とは異なり、偉人の名前や「紳士」たちの社交ぶりが顕著に示されており、同協会がウエストサイドの旧住民の「上流」なあり様を前面に押し出し始めていたことがわかる。さらに翌年のお知らせ《ニューズレター》にて、同協会はそうした旧住民像を具体的に言葉で表現するようになる。

ある時期、この地域の住民だった人々の多くは、現在のシカゴの指導者、立役者となっています。［中略］ウエストサイドは特に輩出した市長の数に誇りを持っています。[121]

こうして同協会は、直接的な記述で旧住民の卓抜ぶりを称賛し、強調し始めたのである。このように、史料収集が進み、ある程度情報の取捨選択が可能となるにつれて、同協会は旧住民の存在に焦点をあてて発信を行なうようになっていった。換言すれば同協会は、ウエストサイドで「上流」な暮らしを送りつつ、シカゴの各界に進出していった誉れ高い旧住民像を、「地域史」の中核に据えるようになっていったのである。

そして、旧住民を中心とする同協会の「地域史」は、一九三六年の『会報』の発行開始に伴い、[122]一層深まりを見せることになる。これまで以上に公的に自分たちの歴史観を表明する場となり得るこの『会報』において、同協会はさらに踏み込んだ旧住民への見解を示していくようになるのである。たとえば、組織の概要と基本理念を語る二つの連続的なエッセイ（"Legler Regional Library Is Headquarters of W. S. Historical Society" と "Our Own History by Our Honorary Life President"）に注目してみよう。[123]まずエッセイの冒頭で同協会は、自分たちの活動は「旧住民に敬意を表するというアイデア」に基づいている、と端的に述べる。[124]次いで、そうした旧住民たちを映し出すコレクション内の史料として、「美しい羽根帽をかぶり、馬車（tally-ho）に乗る女性たちの写真」や「正装をしてタンデム式自転車に乗る人々の写真」が存在することを強調する。[125]すなわち同協会は、この『会報』においてまず、これまでお知らせ《ニューズレター》で培ってきた旧住民中心の歴史観を踏襲し、より明解な史料で旧住民の「上流」ぶりを表したといえる。そうして自分たちがこれまでに描いてきた「地域史」を丁寧に引き継いだうえで、同協会は次に、新たな歴史観を提起し始める。それは、旧住民の手によりウエストサイドに「発展」がもたらされた、という観点である。[126] 旧住民の「貢献」により、[127] ウエストサイドは「かつてのまばらな入植地域から、現在の繁栄した産業地域、そして密に人々が暮らす居住地域へと変わった」のだと、[128] 同協会は記す。そして自分たちは組織として、このような「変化の物語」を追求し、[129] 伝え広めていくのだと明言する。つまり、ここにきて同協会は、一九世紀末の「上流」な旧住民のあり様を示す「初期の物語」に加えて、[130] その旧住民たちが地域を切り拓き、今日のウエストサイドを作り上げてきたのだという「発展の物語」を、[131]「地域史」として提示する方向を確立したのである。以降、同協会は、様々な試行錯誤を経て辿り着いたこの歴史観を、くり返し内外に発信していくようになった。

(2) 年次大会と「地域コミュニティ」

では次に、ウエストサイド歴史協会の黎明期の二つの活動のうち、もう一つを見ていこう。同協会は先の「地域史」活動を進める一方で、その「地域史」を主体的に共有する「地域コミュニティ」を立ち上げることをいま一つの命題としていた。

そのための第一歩として、同協会が重視したのは、方々に散らばってしまった旧住民と連携することであった。そもそも協会発足以前、ウエストサイド・ルーム・プロジェクト時代の最大の催しがほかならぬ「旧住民集会」であったことからもわかるように、運営者らは当初より、生き証人たる旧住民とつながることに力を注いできた。パールらプロジェクト運営者は、展示ブースやレグラー図書館を訪れる現ウエストサイド関係者に情報提供を呼びかけ、可能な限り旧住民の氏名や現住所を把握しようと努めた。そうして人づてに集まった情報をもとに「旧住民リスト」を作成し、書簡を送るなどして、少しずつ実際的なつながりを生み出していった。いわばそれは、同プロジェクトにとって、史料収集と同じく設立時点からの基礎的かつ継続的な仕事であった。(132)

一九三一年のウエストサイド歴史協会発足前後、ちょうど「地域史」の中核に旧住民の存在が据えられていく頃から、旧住民とつながろうとするこの動きはより活発なものになり始めた。たとえば、この時期から同協会は、近場の旧住民宅を直接訪問するようになった。(133) ブース展示以来の史料担当者シーワーを中心とするこの訪問調査で、(134) 同協会は史料の充実を図るとともに、対話を通じて近場の旧住民たちとの関係を深めた。また同協会は、すでにつながりのある旧住民に対し、ほかの旧住民を紹介してくれるようそれとなく催促する試みを始めた。旧住民同士のネットワークに期待し、催し事の招待カードの端などに、関心のありそうな他の旧住民にも声をかけてほしいと逐一書き添えるようになった。(135) 果たして、旧住民が友人を誘ってレグラー図書館を訪れる事例も見られるようになり、同協会はさらなる誘い合わせを期待するように、お知らせ《ニューズレター》にそれらの報告を記した。(136) このように同協会は、手段を尽くして旧住民とのつながりを広げ、関係性を深め、連携の素地を築き上げていった。

そのうえで同協会は、主に年次大会の場において、旧住民たちとのそのつながりを最大限に活用することを試み始める。注目すべきは、同協会が、年次大会のメインイベントであった旧住民の講演会をいかに演出したのかという点である。まず講演者についてだが、同協会はある程度「地域史」に呼応するような語りが出てくることを期待し、旧住民のうちでもとりわけ「上流」層に属する人物や、某かの肩書を持つような人物に登壇を依頼した。[137] 事前にどの程度打ち合わせがなされたのかは定かではないが、講演者の方も比較的その意図に応えるような講演を行なった。一例として、プログラムと議事録から、一九三三年の年次大会の講演について確認してみよう。たとえば同大会では、ウエストサイド共学クラブの代表であるフランクリン・コルビー夫人（Mrs. Franklin Colby）が講演を行なった。コルビー夫人は、自身の旧住民としての体験はもちろんのこと、一八七〇年に渡米した父親がオースティン地域で家具店を立ち上げ、やがて裁判官になっていくまでの物語を語った。[138] また、続いて登壇したのは、西公園局に勤めるソル・ウェステルフェルト（Sol Westerfelt）であった。一八八八年から一八九四年までウエストサイドに暮らしたというウェステルフェルトは、スウィフト、ハリソン、サーマク、トンプソンといった歴代のシカゴ市長の名前を次々とあげ、そのすべてがかつてはウエストサイドに暮らしたのだという事実を強く主張した。[139] こうして見ると、それぞれの講演者が、同協会の「地域史」と親和性の高い、いわゆる「卓抜」した旧住民の姿を語っていたことがわかる。また一九三五年の年次大会では、ハンボルト・パーク地域の公立小学校の元校長であるハーバート・メリル（Herbert Merrill）が、周辺地域の「発展」について講演を行なった。[140] 同協会の「地域史」に「発展の物語」が加わったこの段階においても、やはりその内容と講演者の語りは足並みを揃えていたということになろう。このように同協会の入念な講演者選びが功を奏し、講演会では毎回、同協会の志向する「地域史」がほかならぬ旧住民の口から語られるのが通例となったのである。

さらにこの講演会の会場には、平素のつながりを活かして同協会に呼び集められた数多くの旧住民が、他の参加者と肩を並べて座っていた。[141] それらの人々は旧住民同士の親密さをもって、講演者の語りに大きく相槌を打ち、ときに合いの手を入れていった。[142] たとえば、ある講演者が「あの花火があがったのはいつのことでしたっけ？」と問えば、即座に会場後方から「一九〇三年ですよ」と声が上がる。[143] 同協会が集めた多くの旧住民聴衆が、こうして積極的な参加姿勢を見せたことにより、会場全体に語りを共有しやすい空気が生まれていたであろうことは想像に難くない。以上のように、同協会の企画と演出により、この講演会は壇上と会場双方の旧住民の存在を媒介として、参加者に「地域史」の共有を促す空間となり得ていたのである。

講演会に参加した協会関係者と現ウエストサイド関係者にとって、この仕掛けは確かに効果を持つものであったようだ。実際、同協会のマディガンらは数度の講演会参加を経て、自分たちは旧住民ではないが、これを機に旧住民に「なっていく」のだ、という発言をするに至っている。[144] それはつまり、自分自身の価値観として「地域史」を共有し、受け継いでいくという意識の発露にほかならない。「地域史」の中心的存在である旧住民から直接その内容を伝えられ、かつそれを旧住民と並んで受け止めるという講演会の体験を経て、参加者たちのなかに「地域史」を受け継ぐ者としての自覚、すなわち当事者意識が芽生えていったのだといえよう。この時点で、参加者は意識のうえでは誇るべき旧住民の側に立つ存在となり、参加者同士は眼前の「衰退」するウエストサイドとは縁遠いところに足場を得た同志となる。こうして、この講演会の場を共有することにより、同協会が企図した通り、参加者たちの間には「地域史」を結節点とする「地域コミュニティ」が立ち上がることとなったのである。

3 商店街の商人たちの試み
――マックスウェル・ストリート都市改良プロジェクト

ウエストサイド歴史協会が活動したのと同じ頃、マックスウェル・ストリートの近辺では、ほかにも独自の「地域コミュニティ」を志向する動きが広がりつつあった。その一つとして、ほかならぬマックスウェル・ストリート商店街を中心に展開した「マックスウェル・ストリート都市改良プロジェクト（Maxwell Street Civic Improvement Project）」をあげることができる[145]。

まずはこのプロジェクトの端緒を押さえておこう。一九三九年五月、シカゴ全体の経済活性化を図っていたシカゴ商業協会（Chicago Association of Commerce）は、そのキャンペーンの一貫として、マックスウェル・ストリートの路上マーケットの環境改善および組織化を計画した。それは、路上マーケット特有の「不潔な歩道」や「無秩序な通り」、「老朽化してボロボロになったスタンド」などをすべて改め、路上マーケットと周りのマックスウェル・ストリート商店街全体の利益や不動産価値を向上させようというプランであった[146]。このプランの遂行は、ロサンゼルスから招聘されたビジネスエンジニア、アイラ・W・ウルフ（Ira W. Wolfe）の手に委ねられた。当時五三歳だったウルフは、これまでにも各地で経営マネージメントや販売促進、同業組合の運営などを引き受けてきた人物であり、いわばその道の専門家であった(147)。仕事を任されたウルフは、一か月もしないうちにマーケット改良の素案を準備し、現場の商人たちに話を持ち掛ける手はずを整えた。

写真 3-1　マックスウェル・ストリート商人協会の理事会メンバーたち（1939 年）
出典："[Board of Directors,]" c1939, Photograph, Maxwell Street Civic Improvement Project, Complete Record of Survey and Progress under Supervision of Ira W. Wolfe (1939), Research Center, Chicago History Museum.

ウルフの提案に対して、マックスウェル・ストリート商店街の多くの商人たち、および路上マーケットの一部の行商人たちはすぐさま積極的な反応を示した。五月末に開かれたウルフとの会合には、実に二二六名の商店主と八九名の荷車行商が出席し、路上マーケットの改良案に賛意を示した(148)。特に「古いガタガタの木製スタンドや荷車は、色とデザインが統一化されたスタンドにとってかわられる」というウルフの発言には、歓声があがるほどの関心と熱意が寄せられた(149)結果、集った商人たちは、ウルフを常任理事に迎えて新たなマックスウェル・ストリート商人協会（Maxwell

Street Merchants Association）を編成し[150]、その協会を母体として「マックスウェル・ストリート都市改良プロジェクト」をスタートさせた。

では、こうしてプロジェクトに参加した商人たちは、どのような人々だったのだろうか。たとえば、商人協会の会長であったベンジャミン・M・シュメルファー（Benjamin M. Shimelfarb）は、一八九二年にロシアで生まれ、一九〇八年に渡米してきたユダヤ系移民の商店主であった。シュメルファーは、一九二〇年にはマックスウェル・ストリート付近のマーシュフィールド・アヴェニュー沿いに住み、仕立屋に勤めていたが、少なくとも一九三五年までには西方のノースローンデイル地域に移り住んでいた[151]。また、商人協会の理事であったジュリアス・リシャール（Julius Rischall）も同じく、一八八一年にロシアで生まれたユダヤ系移民であった。リシャールは一九一五年に渡米すると、一九二〇年には路上マーケットの中心地の近く、マックスウェル・ストリートとホールステッド・ストリートの交差点のすぐ南東に家を借り、野菜の荷車行商を営むようになった。そして、その後も商人を続けつつ、一九三〇年までにはやはりノースローンデイル地域に居を定めるようになっていた[152]。この二人のように、協会に参加した商人の多くは、元来マックスウェル・ストリート近辺に居ついて生計を立ててきたユダヤ系移民たちであった。そして同時に、時期的に見ると、マックスウェル・ストリート周辺への黒人流入を避けてノースローンデイル地域に居を移しつつ、一方で店舗や売場を路上マーケットに置き続ける生活をしていた人々でもあった。もちろん、その種の人々がすべてそうであったわけではないだろうが、それでもシュメルファーをはじめとする商人たちが、マーケットの様相や客層の大きな変化に常々懸念や要望を抱いていたとしても不思議ではない。事実、プロジェクト開始時に打ち出された目的を見ると「新たな買い物客を生み出し、そしてかつての買い物客をマックスウェル・ストリート地域に呼び戻す」という項目がまず筆頭にきており、現在の路上マーケットの客層に対する彼らの違和感がそのまま映し出されているようにも見える。[153] 裏を返せば、常日頃、路上マーケットの現状に懸念を募らせてきた商人たちが、ウルフの案をきっかけに集まり、路上マーケットの改良に乗り出したと見るのが妥当であろう。

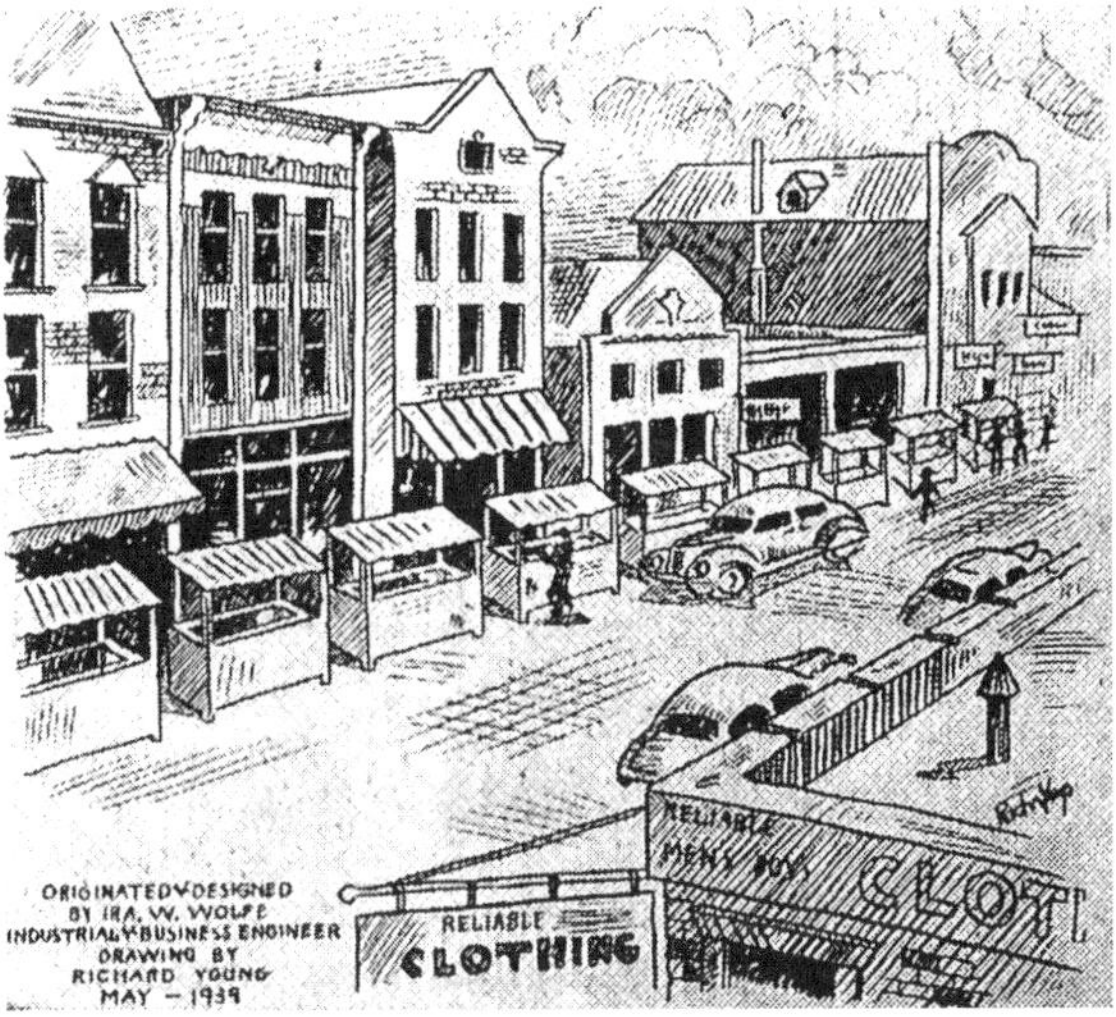

図 3-3　マックスウェル・ストリート商人協会が打ち出した新路上マーケットの構想図①（1939 年 5 月）

　こうして動き出した改良プロジェクトであったが、その最初の活動は、改装後の路上マーケットの「完成予定図」を共有することであった。ウルフら運営者は、プロジェクトの開始とともにプロのイラストレーターに依頼を送り、路上マーケットの「未来」を描いたイラスト図を用意した。[154] プロジェクト開始から間もない五月末、その新マーケット予定図は地元の新聞に掲載

図3-4　マックスウェル・ストリート商人協会が打ち出した新路上マーケットの構想図②（1939年5月）

された〔図3—3、図3—4〕。そこに描かれていたのは、不揃いな露店やタープが撤去されたストリートに、規格化されたスタンドが立ち並ぶ図であり、つまりは現状とは異なる整然としたマーケットの姿であった。さらに付された記事を読むと、並ぶスタンドはすべて、青とオレンジに塗り分けられた金属製のスタンドとして描かれていたらしく、商人協会が志向する「統一的」で「美的」な新マーケットがそこに描き出されていたことがわかる。[155]運営者らは、目指す理想が反映されたこの完成予定図をまず用意することで、プロジェクトの目標を可視化し、会員である商人たちの足並みを揃えようと試みた。

　果たして、この完成予定図を旗印に、商人たちは連携して組織活動に取り組み始めた。具体的な実践として、彼らはまず六月中旬に路上に集い、モデルスタンドの披露会を行なった。[156]その様子を表した写真もまた、地元の新聞に掲載されている。先の完成予定図に基づいてデザ

写真3-2　マックスウェル・ストリート商人協会によるモデルスタンドの披露会の様子（1939年6月）
出典："A Preview of Maxwell St. Face Lifting (photograph)," Maxwell Street Civic Improvement Project, Complete Record of Survey and Progress under Supervision of Ira W. Wolfe (1939), Research Center, Chicago History Museum.

インされたスタンドが、テニスラケットやゴルフクラブなどのスポーツ用品を陳列した状態で披露された様子、および会員たちがその周りを囲っていた様子を見て取ることができる〔写真3―2〕。こうして会員たちが盛り立てたことにより、規格化された新スタンドの存在は、改めて他の商人たちや買い物客らの知るところとなった。そしてこれを機に、少しずつではあるが、路上マーケットにこの新スタンドが導入されていくこととなった。(157)

さらに商人協会は、この導入を促進するための策として、規格に沿わない露店に対して「立ち退き」を求める活動を開始した。確かに六月の披露会以降、商人協会の改良案に賛同し、古いスタンドや荷車を新スタンドに換装するマーケット商人たちも出てきてはいた。しかし、その導入のペースは、商人協会からすれば遅々としたものであった。なぜなら商人協会は、「年内じゅう」に路上マーケットを完成予定図の状態まで持っていくことを目指していたからである。[158] そこで商人協会は、八月に入ってすぐに、マックスウェル・ストリートの路上マーケットで商いをするすべての露天商に新スタンドの利用を義務づける、というプランを打ち出した。彼らは、路上マーケットの監督官であったヘンリー・ミンスキー（Henry Minsky）に改めて連携を持ちかけ、そのプランを実行に移した。商人協会は、ミンスキーの名のもとに「ボロボロになった古いスタンドを所有するすべての商人は、妥当な期間内にそれを破棄すること」と宣告するチラシを作成し、[159] 路上マーケットに配布し始めた。そして、「妥当な期間」とは言いつつも、「九月一日までに」すべての商人が新スタンドへと乗り換えることを求めていった。[160] いまだ路上に直接ものを広げて売るような人々が多く見られるなかで、商人協会の商人たちは、少しでも路上マーケットの姿を整然とした完成予定図に近づけるべく、景観を「整える」試みを重ねていったのである。

実のところ、その後の展開を見ると、マックスウェル・ストリート商人協会のプロジェクトが実を結んだとは言い難い。ある種当然ながら、混然化した路上マーケットを統制することは難しく、マックスウェル・ストリート都市改良プロジェクトは、自らが節目と定めていた年の終わりを待つことなく下火になっていった。[161] しかしここで重要なのは、たとえ未完であったとしても、この時期に一部のマックスウェル・ストリート商店街の商人たちが、共通の地域ヴィジョンを携えて、連携を深めながら活動を展開したという事実であろう。すなわちそれは、先のウエストサイド歴史協会の例と同じく、理想の絵図のもとで結束し、独自の「地域コミュニティ」を志向していく動きだったのである。

＊　＊　＊　＊　＊

一九三〇年代にウエストサイド地域で展開した、ウエストサイド歴史協会の地域史活動とマックスウェル・ストリート商人協会のマックスウェル・ストリート都市改良プロジェクトは、ある点において類似する活動であった。改めて整理するならばそれらは、眼前の「衰退」や「混乱」とはかけ離れた地域の「理想図」を描き、それを担保に「地域コミュニティ」を創り出す、という一連の動向であった。

両組織の活動の第一歩であり、同時に要であったのは、自分たちなりの「理想図」を描くという行為であった。のちに活動に携わることになる人々は、それぞれ日常的にウエストサイドと関わり続けるなかで、主に一九三〇年前後に地域の顔ぶれや様相の変化を感じ取り、それをウエストサイドの「衰退」や「混乱」と受け止めた。人々は、それにより自分たちが携わる地域の評判や評価が落ち込んでしまうことを強く懸念した。ゆえにこれらの人々にとって、自地域であるウエストサイドを「再評価」するための基準を生み出すことは急務となった。そうした状況下で、ウエストサイド歴史協会のパールらは、旧住民の「上流」な様相と「発展」の物語を語る誇るべき「地域史」を描き出した。マックスウェル・ストリート商人協会の商人たちは、整然と秩序だった路上マーケットの完成予定図を提起した。過去に依拠するのか未来に依拠するのかの違いはあれども、それらはともに、ウエストサイドを「肯定」するのに適したヴィジョンであった。このように本章に登場した人々は、ゆらぐ自地域の拠りどころとなるべき価値観、いわば「理想図」をまずもって提示することを試みたのである。

そのうえで、さらに踏み込んだ実践として、両組織の人々は「理想図」を旗印に、それを共有する「地域コミュニティ」を創り出すことを目指した。たとえばウエストサイド歴史協会は、旧住民の存在を媒介に、当事者意識をもって「地域史」を共有するコミュニティを生み出そうとした。マックスウェル・ストリート商人協会は、完成予定図の実現に向けた諸活動を通して、日頃まとまる機会の少ない露天商を含む商人たちの間に、連帯感と連携を生み出そうとした。それは言い換えれば、ゆらぐウエストサイドの現状とはかけ離れた「理想図」を擁する側にまわり、その自負をもって結束するという活動であった。そうすることにより、両組織の人々は、地域の「衰退」や「混乱」に巻き込まれること、もしくは「衰退」する地域の当事者であると内外から判別されることを、何より回避しようとしたのである。

ここで改めて注目しておきたいのは、両組織のこうした地域活動が、程度の差はあれ、それぞれにマックスウェル・ストリートの「雑然」化に端を発する側面をもっていたという点である。それはつまり、両組織の面々が具体的に何を地域の「衰退」や「混乱」ととらえていたか、という点に関わる。ウエストサイド歴史協会のパールらは、目の端に映るマックスウェル・ストリート周辺区域の急激な変化を、ウエストサイド全体の「衰退」と結びつけ、地域史活動に着手した。マックスウェル・ストリート商人協会の面々はもっと直接的に、眼前の路上マーケットの「混乱」ぶりを憂い、組織化へと進んだ。つまり両組織の一連の活動は、マックスウェル・ストリートが「雑然とした場」と化していったことに対する隣人たちの危機的な反応であった、と見ることもできる。マックスウェル・ストリートの近辺にいた人々は、「雑然」とした同ストリートをいわば「無秩序な混沌」ととらえ、そこに巻き込まれたり同一視されたりすることのないよう、自分たちなりの「地域コミュニティ」を志向したのであった。

第4章　路上の変容へのまなざし
――ニューベリー・アヴェニュー・センターを中心に

マックスウェル・ストリートの近辺には、「雑然」としていく同ストリートの変化を視野にとらえつつも、先の地域組織とはまた異なる反応を示した人々がいた。その一例として、本章では、マックスウェル・ストリートの人々を対象に福祉を展開したセツルメント施設ニューベリー・アヴェニュー・センターの活動を取り上げていきたい。

1　センターの設立と福祉活動への意気込み

ニューベリー・アヴェニュー・センターが本格的に始動したのは一九三〇年を過ぎてからのことだが、その前身にあたるマーシー・センター（Marcy Center）は、早くも一九世紀末にはマックスウェル・ストリートを拠点に活動を開始していた。[162] 一八八四年、シカゴの北のエヴァンストンにあるファースト・メソディスト教会（First Methodist Church）のメンバーであったエリザベス・E・マーシー（Elizabeth E. Marcy）は、女性国内伝道協会（Woman's Home Missionary Society）の数人と、マックスウェル・ストリートでささやかな伝道活動を始めた。当初、彼女たちは安酒場の裏で日曜学校を開くのみであった。しかし、地域の移民たちを対象としたその活動は、徐々に規模を広げていった。そして一八九六年にはついに、マックスウェル・ストリートとニューベリー・アヴェニューの交差点に新たに築かれた三階建ての煉瓦造りの建物に、本拠を移すに至った。以降、世紀転換期から一九二〇年代後半まで、このマーシー・センターは周辺に集住していたユダヤ系移民を対象に、キリスト教の伝道や啓発活動はもちろん、職業訓練などの社会福祉活動をも合わせて幅広く実施していくこととなった。(163)

ところが、一九三〇年前後に、マーシー・センターは大きな変化を余儀なくされた。センターの主な利用者であったユダヤ系住民が、一九二〇年代半ば以降、より良い居住環境を求めて、この地域から西方のノースローンデイル地域へ続々と転居し始めてしまったのである。この変化の中にあって、マーシー・センターはこれまでの利用者へのコミュニティ・サービスを継続することを重視した。結果、センターは自らも移転を決め、一九三〇年にノースローンデイル地域サウス・スプリング・アヴェニューに新たな建物をオープンさせた。(164)

そこで登場してくるのが、ニューベリー・アヴェニュー・センターである。マーシー・センターの移転に合わせて、マックスウェル・ストリート上のもとの施設は閉鎖と売却が検討された。しかし、従来の建物と施設の閉鎖に、異を唱える人々がいた。それは、後にニューベリー・アヴェニュー・センターの初代代表となるエリザベス・C・ハーヴェイ（Elizabeth C. Harvey）を中心とした、エヴァンストンのファースト・メソディスト教会の女性たちであった。

写真 4-1　ニューベリー・アヴェニュー・センターの概観（1935 年）
出典："[The Newberry Avenue Center,]" 1935, Photograph, Newberry Avenue Center Photograph Collection, Research Center, Chicago History Museum.

ハーヴェイらは、マックスウェル・ストリート周辺にユダヤ系住民と入れ替わる形で新たに流入してきた人々、すなわち貧しい黒人やメキシコ系を対象に、この地でサービスを続けることの必要性を訴えた。そして、そのときまでにほとんどマーシー・センターの母体と化していた女性国内伝道協会の役員や教会関係者などに対して、活動継続についての積極的なアピールを行なった[165]。結果として、もとの施設は閉鎖も売却も免れた。ハーヴェイらは、移転したマーシー・センター側との話し合いのもとで施設の運営を完全に引き継ぎ、マックスウェル・ストリートでの福祉活動を再開させた。そして、一九三五年には施設の名称を「ニューベリー・アヴェニュー・センター」と改め、以後、地域の黒人たちへのサービスを拡充していったのである[166]。

ここで一点押さえておきたいのは、ニューベリー・

アヴェニュー・センターが、その設立当初からマーシー・センターとの決別を謳い、さらには前センターとの違いを明確に打ち出していったという事実である。それは言い換えれば、自分たちが始めていく活動の独自性と新規性を自負する姿勢の表れであった。たとえば設立の中心となったハーヴェイは、一九三一年に女性国内伝道協会のシカゴ支部の支部長クラウド・C・トラヴィス（Claud C. Travis）に宛てた書簡の中で、分離に際して二つのセンターが一時的に同じ「マーシー・センター」の名のもとで稼働してしまっている状況に触れ、以下のように記している。

現在のシカゴで、同じエリザベス・E・マーシー・センターの名のもとに行われてしまっている二つの活動を、それぞれ名づけ直さねばならないことについて、私は以前にもお手紙を送らせていただきました。前の手紙にも書きましたように、ファースト教会（エヴァンストン）の婦人会の女性たちは、もとの施設の方で、そして自分たちがそこで行なっている活動の方で、その「マーシーの」名前を引き継ぐことを望んでいます。婦人会は特に、すべてのマーシー・センターの報告類において、「古い「マーシー」」「新しい「マーシー」」という用語が使われ続けていることに異議を申し立てています。
［中略］私たちはローンデイル・コミュニティ・センター、ローンデイル・メソディスト・センター、ユダヤ・コミュニティ・センターのうちのどれかが、「移転した向こうのセンターにとって」適切な名称であろうと考えます。そして、そのうちの一つに改名してもらうことで、今ある混乱が解消されると考えています。[167]

このようにハーヴェイは、呼称を分けることで、二つのセンターが明確に区別されるべきであるという考えを示している。少なくとも「新旧」という括りで両者を分けることは不適切であるとし、特に自分たちを「古い」マーシーと規定するやり方に異を唱えている。そこには、すでに自分たちはノースローンデイル地域に移転したマーシー・センターとは袂を分かち、異なるサービスに着手した組織なのだ、という自己認識が滲む。同時にそれは、自分たちの提供するそのサービスはただ旧態依然とした活動を引き継いだものではなく、マックスウェル・ストリート周辺における新たな試みであるのだ、という自信に満ちた認識でもあった。

さらにハーヴェイは、一九六〇年代に入ってから記した回想の中で、ニューベリー・アヴェニュー・センターの活動を始めるにあたって自分たちは、前センターが行なっていた宗教的な指導を意図的に控え、その代わりに福祉サービスを強化する方針を掲げていた、という旨の発言を残している[168]。ここにもまた、活動の内容を一新しようとしていたハーヴェイらの取り組みを見ることができる。

このようにニューベリー・アヴェニュー・センターは、単にマックスウェル・ストリートに「残留」したわけではなく、独自の福祉活動を始めようと意気込みを新たにしていた。ハーヴェイらは、ユダヤ系住民に向けてキリスト教伝道を目指していた前センターとははっきりと一線を画し、眼前の移ろう地域に新たな「問題」を見出し、自分たちなりに対処していこうとしていたのである。

2　センターの運営――まなざしを方向づける戦略

（1）エヴァンストンにおけるセンター運営

ニューベリー・アヴェニュー・センターの運営メンバーは、そのほとんどが、シカゴの北に隣接するエヴァンストン在住の女性たちであった。エヴァンストンはシカゴの中心部から、直線距離で北に約二〇キロメートルほどの地点に位置する街である。当時の運営メンバーらの多くは、主に自分たちが通うファースト・メソディスト教会の周辺、およそ二キロメートル圏内の歩いて行き来できる範囲に居住していた〔表4―1を参照〕。

そして、この運営メンバーらは、いわゆる上流層に属する女性たちであった。一つの参考として、居住環境と住宅価値を見てみよう。七人の運営メンバーは、全員が一戸建てに居住し、そのうち四人は持ち家に住んでいた。その四家族の所有住宅価値の平均は三九二五〇ドルであった〔表4―1を参照〕。単純比較はできないが、一九三〇年当時のシカゴの所有住宅価値平均が八二二八ドルだったことを考えると、メン

	職業	夫の職業	住宅（所有 / 賃貸）	所有住宅価値（ドル）
人1名	-	弁護士	所有	30,000
人1名	-	不動産斡旋業者	所有	12,000
人1名	-	投資家	賃貸	
人3名	-	鉄鋼会社の副社長	所有	75,000
	-	会社員	賃貸	-
人1名	-	電力会社の顧問技師	所有	40,000
人1名	-	牧師	賃貸 -	

s at Chicago; 1930 U.S. Census, Evanston, Cook County, Illinois, population
ule; digital image, Ancestry.com, accessed 16 May 2019, http://ancestory.com
作成。

氏　名	役　職	生　年	住　所	同居家
Elizabeth C. Harvey	代表(委員長)	1889 年	1010 Sheridan Rd., Evanston, Cook, Illinois.	夫、子供
Ella B. Foster	会計	1887 年	1925 Orrington Ave, Evanston, Cook, Illinois.	夫、子供
Caroline R. Morrison	書記	1906 年	1918 Colfax Street, Evanston, Cook, Illinois.	夫、子供
Marjorie Mills	-	1887 年	1804 Hinman Ave., Evanston, Cook, Illinois.	夫、子供
Alice E. Keeley	-	1882 年	1111 Lake Street, Evanston, Cook, Illinois.	夫、子供
Choral Cook	-	1890 年	222 Essex Road, New Trier, Cook, Illinois.	夫、子供
Glenna U. Tittle	-	1882 年	1810 Hinman Ave., Evanston, Cook, Illinois.	夫、子供

表 4-1　ニューベリー・アヴェニュー・センターの運営メンバー（1930 年～ 1933 年）
出典：“Some Recollections of The Early Years of The Present Newberry Avenue Center, 1930-31-32-33 (196
” Folder #1101, Box #71, Marcy-Newberry Association Records, Special Collection, Daley Library, Universit

バーたちは高価な持ち家に住んでいたといえよう(169)。また社会的な立場というところでいえば、運営メンバーの夫たちの職業は、弁護士や鉄鋼会社の副社長、牧師などであった〔表4—1を参照〕。このように、センター運営の主軸をなしていたのは、宗派と生活圏をある程度共有していたであろうエヴァンストンの「裕福な家庭」の女性たちであった(170)。

こうした運営メンバーの傾向については、戦間期を通して変化がなかったようだ。たとえば、同センター開始時の運営メンバーに名を連ねているキャロライン・R・モリソン（Caroline R. Morrison）やグレンナ・U・ティトル（Glenna U. Tittle）は、一九四〇年代に入っても変わらず中心となって、エヴァンストンの運営メンバーを束ねる役割を果たしていた(171)。また、一九四〇年代初頭に新たにセンター代表を務めたイザベル・ガサニー（Isabell Gathany）やルイズ・クーン（Louise Coon）らも、エヴァンストン近郊の裕福な家庭に属しており、初期メンバーと比較的近しい生活環境に身を置いていた(172)。すなわち、少なくとも活動開始から一五年弱の間、運営メンバーの選定基準は不変であり、それはそのまま同センター運

営の「体質」と化していたことが考えらえるのである。(173)

そして、こうした「体質」を如実に反映していたのが、同センターの運営方法であった。同センターは設立の当初より一貫して、一種独特の運営スタイルを採用していた。すなわちそれは、シカゴのマックスウェル・ストリートを活動の現場と定めつつも、サービスの内容や方針に関わることのほぼすべてをエヴァンストンの地で決定していくという、徹底したやり方であった。このような運営の根幹を為していたのは、前述のメンバーからなる運営委員会の月例会議だった。この会議は、月に一度、先述のファースト・メソディスト教会の集会室や牧師の執務室、もしくはセンター代表の自宅を会場として開催された。実際、たとえばモリソンの代表在任期間中（一九四一年～一九四二年）には、この会議が頻繁にモリソン宅で開かれていたという記録が残されている。(174) そして、その会議の場においては、クリスマスの催しをどうするか、ボランティア・スタッフにどの仕事を割り振るか、新しい掃除機を買うか否か、といった細かな懸案事項が話し合われ、さらにはサービスやプログラムの具体的な方針までもが決められていた。そうした福祉サービスの詳細に関わる相談を、マックスウェル・ストリートに開設されたセンター施設ではなく、エヴァンストンの会議室で進めるというのが、一九三〇、四〇年代を通して貫徹された同センターのやり方であった。(175)

もちろん、ニューベリー・アヴェニュー・センターはセツルメント運動を謳っていた側面もあったので、管理主任《ヘッドレジデント》を含めた七、八人のスタッフが、ストリートのセンター施設の方に住み込んでいたのも確かである。しかし、それらの現地スタッフが、運営に関わる月例会議に出席するようなことはほとんどなかった。唯一携わるとすれば管理主任《ヘッドレジデント》だが、それでも毎回出席するわけではない。たとえば、一九四二年一一月一三日付の月例会議の議事録に「[管理主任《ヘッドレジデント》の]スミス氏からの報告書を読み上げました」と記されていることや、(176) 一九四三年二月一〇日付の議事録に「スミス氏の報告書は地域の雇用問題についてでした」と記録されていることからもわかるように、(177) 現場からの報告書だけがエヴァンストンの会議室で読み上げられるという事態も珍しくはなかった。要は、マックスウェル・ストリート側で活動の実践にあたるスタッフが常に一定数存在していたにもかかわらず、あくまでサービスの現場から離れたエヴァンストンという地点で、センターの方策が練られるという慣例は揺らがなかったのである。

そして、こうした「距離感」があるがゆえに、エヴァンストンで議論される運営方針は、常に現場的であるよりは戦略的であった。運営メンバーたちの議論は最終的に、「誰」がマックスウェル・ストリート周辺地域で「最も救われるべき存在」なのか、およびそこに手を差し伸べる自分たちの活動がいかに「最前線のもの」であるのか、というところに帰結しがちであった。(178) その背景にあったのはおそらく、シカゴのウエストサイドにおける福祉の盛んな実践であった。元来、移民の生活拠点であったウエストサイドには、ハルハウスを先例として福祉活動に取り組む大小さまざまなセツルメント施設が存在していた。それぞれの施設は、さすがに競い合いはしないものの、各々の福祉活動にプライドをもって取り組んでいた。たとえば、ニアウエストサイド地域にあったファルマーン・ハウスは、自分たちが同地域のメキシコ系移民を対象に活動する数少ない福祉施設であることを積極的にアピールしていた。(179) また、その近辺にあったチェイス・ハウスは、同地域には「シカゴで最も貧しい層に属するアメリカ生まれの人々」が多数暮らしているという認識を示したうえで、移民一世ではなくそうしたアメリカ生まれの人々を対象として活動を展開していた。[180] このように、各々の組織がウエストサイドで「最も救われるべき存在」に手を差し伸べているという自負を示すなかで、ニューベリー・アヴェニュー・センターも活動対象を入念に選定していく必要があった。第一節でも触れたように、そこで運営メンバーが選んだ対象こそ、当時他の福祉施設が対象としていなかったマックスウェル・ストリート周辺区域の黒人であった。[181] そして同センター運営の場合は、ストリートと目線の高さを同じくしない位置からその選定を行なっていたがゆえに、現場の事情というよりは、より一層戦略的に活動対象を選んでいた節が見て取れるのである。

(2) レイファーの地域調査報告に見る黒人像

エヴァンストンの運営メンバーは、活動対象をより具体的に絞り込むために、ある資料を用いた。その資料とは、一九三〇年に社会学者マレー・H・レイファーが作成したマックスウェル・ストリート周辺に関する地域調査報告であった。[182]

そもそもこの資料は、ニューベリー・アヴェニュー・センターの設立を後押しするために作成されたものであった。一九三〇年前後にマーシー・センターからの独立を計画したハーヴェイらは、まず何より、マックスウェル・ストリートで活動を続けることの必然性を周りに訴えていく必要に迫られた。そこで彼女たちは、「人口密度や人種構成、住民の経済水準、教育水準、宗教的関心、および地域のために活動する他の社会福祉施設」の現状を明確にし、地域の問題を可視化したいとの思惑から、当時エヴァンストンのガーレット聖書学校（Garrett Biblical Institute）で社会学科の助教授を務めていたレイファーに、地域調査報告書の作成を依頼した。(183)

この調査を任されたレイファーとは、いかなる人物であったのだろうか。レイファーは、一九〇三年にニューヨーク州で、カナダ出身の両親の間に生まれた白人男性であった。(184) 幼少期のレイファーは、父ピーター（Peter M. Leiffer）と母アニー（Annie I. Leiffer）、一一歳上の兄ジョン（John Leiffer）、五歳下の弟ドナルド（Donald B. Leiffer）とともに、ニュージャージー州ジャージー・シティに暮らしていた。(185) ただ、どうやらこの家族は、レイファーが生まれる前も後も、転々と住まいを変える傾向があったようだ。彼らは一九〇〇年にはペンシルヴェニア州、(186) 一九一〇年にはニュージャージー州、(187) 一九二〇年にはカリフォルニア州と、(188) 次々に居を移している。さらに、兄のジョンが一八九二年にニューヨーク州で、弟のドナルドが一九〇八年にカナダで生まれたという事実も加味すると、レイファー一家はかなり頻繁に移動をくり返す生活を送っていた可能性が高い。そうした生活の中、レイファーは一九二〇年には親兄弟とロサンゼルスに住み、デパートの商品補充係として働くようになっていた。(189) 結婚したのは一九二五年、二二歳のときだ。相手は一つ年下の白人女性で、少なくとも一九二〇年時点においてはレイファーと同じくロサンゼルスに住んでいたドロシー（Dorothy C. Linn）だった。(190) 次いで一九三〇年には、レイファーは妻ドロシーと四歳の息子ドナルド（Donald J. Leiffer）とともに、親元を離れ、エヴァンストンのシンプソン・ストリートに移り住んでいた。[191] そして、この時点でレイファーは教員となっており、中西部初のメソディスト系神学校として一八五三年に設立されたガーレット聖書学校にて、助教授の職を得ていたのである。[192] 以上のような経歴を見る限り、このレイファーが、シカゴのニアウエストサイド地域に特別精通した人物、あるいは黒人の貧困問題になじみの深い人物であったとは考えにくい。となると、レイファーはセンターの運営メンバーと同じように、エヴァンストンの地域的かつ宗教的なつながりの中から選び抜かれた人材であったと考えることができよう。

ハーヴェイからの依頼を受けたレイファーは、早速学生を率いて調査にあたり、一九三〇年一二月三日に"The Maxwell Street District: The Summary of Findings"と題する報告書をまとめた。[193] この報告書は、一九世紀半ばに建てられたまま改築も整備もされていない多くの住居のあり様や、家賃の格安さを見込んでこの地域に集まってくる多様な貧困層のひしめき具合など、マックスウェル・ストリート周辺のスラム的な問題を一つ一つ列挙していくものであった。そして、その報告書の後半でレイファーは、最も重大な問題として、地域の黒人の現状を取り上げた。一九二〇年代半ば以降に、あえてこの環境に入ってきた黒人たちについて、レイファーは以下のように記した。

この地域の黒人の多くは、直接南部から入ってきている。この人々はきわめて貧しく、生活の水準は高くない。これらの理由から、黒人たちは混み合った地域に群がって住む傾向にあり、向上を目指して地主になろうなどとは考えていない。

［中略］多くの住民が貧困線の付近を生きているこの地域において、黒人たちの地位は、経済的基準と社会的基準の両方において最低限である。黒人たちはイタリア系に見下され、そしてややもすると、ユダヤ系とメキシコ系にも見下されている。このせいで、施設は異なる人種集団に手を差し伸べていくことが困難である。

また前述したように、家庭生活はあまり組織化されていない。家族そのものが不安定な単位である。学校の校長たちは、子供の文化水準や社会水準を高めようとするとき、主たる障害は親の態度の中から立ち現れると述べている。親たちは頻繁に、自ら手本となって、子供たちを違法な活動へと導いてしまうのだ。(194)


ここでレイファーは、マックスウェル・ストリート周辺の黒人について、大きく三つの見方を提示している。それはすなわち、①南部から直接流入してきた貧しく生活水準の低い黒人、②貧困層の中でもさらに他の移民たちから見下され、劣位に置かれた黒人、③家庭生活が無秩序であり、それゆえ犯罪に向かいやすい傾向を示す黒人、という相互に関連性を持つ類型である。これらはいずれも、「劣悪な住居環境」や「移民との混在空間」といったマックスウェル・ストリート周辺特有の事情と密接に結びつけられた黒人像であった。言い換えれば、レイファーは、このストリート周辺の黒人を明確な改善対象として提起してみせたのだといえよう。

こうしたレイファーの分析は、当初の予定通り、ニューベリー・アヴェニュー・センター設立の後ろ盾として用いられた。実際、ハーヴェイは、完成した報告書を女性国内伝道協会のトラヴィスをはじめとする有力者に送り、マックスウェル・ストリートで活動を続けることの正当性を訴えた[195]。一方で、このレイファーの見解は、単にセンター設立の理論的根拠となるだけには留まらなかった。独立を果たしたニューベリー・アヴェニュー・センターの運営メンバーたちは、活動を始めるにあたり、レイファーの見方を全面的に踏襲する動きを見せたのである。

たとえばハーヴェイは、先にもあげた一九三一年の書簡の中で、「私たちの活動の立案と実施については、ガーレット聖書学校の社会学科および国内伝道学科のマレー・H・レイファー氏がこれまで主要なアドヴァイザーを勤めてきてくださいましたし、今もそうしてくれていますす」という内情を明かした[196]。それはまさしく、設立当初の同センターがレイファーの見解を基軸に、まずは先のような黒人を活動対象に見込んで、プログラムを考案していったことの証左であろう。

このように同センターの運営は、一九三〇年にレイファーが提示した「マックスウェル・ストリート周辺の黒人」観を指標に、戦略を練り、現場に降ろす方針を作り上げていった。そして次節で見るように、同センターの現場はやがてそれらを下地として、自分たちなりの黒人へのまなざしを育んでいくことになるのである。

3　ニューベリー・アヴェニュー・センターのまなざし

では、同センターの現場は、ストリートにおける福祉活動の中で、黒人に対していかなる見方を独自に確立していったのだろうか。現場では、この地域の黒人たちを、どのような事情や問題、特質を携えた人々として認識していったのだろうか。

まずは、一九三八年年時点における、ニューベリー・アヴェニュー・センターの平日の活動スケジュールの一例を見ていこう〔表4―2〕。内容を見ると、午前九時から午後三時の間に保育園、午後すぐには英語教室をはじめとする大人のためのプログラム、夕方には一〇代の少年少女に向けた裁縫や木工などの教室、夜間になると主に一〇代後半の若者たちに向けたレクリエーション、という構成になっている。報告書によれば、教室やレクリエーションの内容自体は日々入れ替わるものの、毎日のスケジュールはほぼこの形で決められていたという。なかでも保育園のサービスは、一週間を通して必ず同じように開かれていた[197]。そして、同センターが後々活動の中心に据えていったのは、まさにこの保育園のサービスであり、次いで一〇代の子供たちを対象とする様々なプログラムであった。実際、一九五〇年までに、保育園のサービスはその需要にあわせて、時間枠を午前八時から午後五時に拡大することとなった。また、一〇代の子供へのプログラムについても、年を追うごとに、レクリエーションやサマーキャンプの充実が図られていった。このように同センターは、幼児までをも含めたこの地域の「若年層」への取

時刻	活動内容
9:00-15:00	保育園
12:30-15:30	英語（大人）
12:30-15:30	裁縫（大人）
13:00-15:00	乳児福祉
15:00-18:00	料理（黒人、少女、7-10 歳）
15:00-18:00	子供の家、ままごと（少女、5-10 歳）
15:30-16:30	ゲーム（少女、10-12 歳）
15:30-16:30	工作（少女、10-12 歳）
15:30-17:30	裁縫（メキシコ系、少女、10-12 歳）
15:30-17:30	裁縫（黒人、少女、12-14 歳）
15:30-17:30	音楽（少女）
15:30-17:30	木工（少年、7-13 歳）
15:30-17:30	ゲーム（少年、7-13 歳）
15:30-16:30	ゲーム（Aces 組：黒人、少年、10-13 歳）
16:30-17:30	木工（Aces 組：黒人、少年、10-13 歳）
15:30-16:30	木工（Green Dodgers 組：黒人、少年、10-13 歳）
16:30-17:30	体育館（Green Dodgers 組：黒人、少年、10-13 歳）
17:00-17:30	図書室
19:00-20:00	体育館（Big Apples 組：黒人、少女、16-17 歳）
19:00-20:00	クラブ会議（Eagles 組：黒人、少年、17-19 歳）
19:00-21:00	ゲーム（年長少年）
19:00-22:00	音楽（年長少年）
19:00-22:00	裁縫クラブ（メキシコ系、少女）
19:00-22:00	クラブ会議（Junior Dodgers 組：黒人、少年、15-17 歳）

表 4-2　ニューベリー・アヴェニュー・センターの活動スケジュールの一例（1938 年）

出典："Newberry Avenue Center Annual Report," 26 April 1938, Folder #1102, Box #71, Marcy-Newberry Association Records, Special Collection, Daley Library, University of Illinois at Chicago.

り組みを、自身の福祉活動の最たるところと定めていった。(198)

同センターは、この保育園のサービスについて、一九三八年の年次報告書の中で次のように記している。

［入園の］選抜は児童個人にとってはもちろん、家族にとっての必要性を根拠に決定される。ほとんどすべての場合、子供たちにとって、この保育園は社会適応と正しい習慣訓練の開始地点となる。子供たちの発達は目覚ましい。彼らがみんなで健全に遊び、様々な経験を重ね、それによりふるまいを向上させていく様を見ることは大きな喜びである。[199]

こうした記述からもわかるように、保育園サービスの主たる目的は、マックスウェル・ストリート地域の黒人の子供たちに適切な遊びの場を与え、「社会適応」と「習慣訓練」を開始させることにあった。ただ裏を返せば同センターは、この地域の黒人の子供たちは都市的環境と都市的習慣にまるで「適応」できていない、という認識を携えていたことになろう。さらに同センターは、そうした子供たちの背後に、社会適応を促す場が用意されていない家庭を想定しており、その意味では社会になじめていない多くの親たちの姿をも同時に見出していたといえる。それは、レイファーの示した家庭生活が無秩序な黒人という見解を踏襲しつつも、より一層の具体化と深化を試みた視点であった。つまりは、福祉への強い意気込みのもと、自分たちの立ち位置と価値基準に依拠する「適応」という照準を導入することで、都市社会になじめていない黒人の大人と子供の姿を改めてとらえていく見方であった。
加えて、一〇代の少年少女向けのレクリエーションに臨む姿勢のうちにも、同センターなりの黒人に対するまなざしを垣間見ることができる。たとえば、一九三八年の年次報告書には、人種の区切りを設けずに定期的に催されていた「歌の時間」について、次のような記述がなされている。

週に二晩、特に決まったクラスではない集団が、歌をうたうために図書室のピアノのまわりに集まる時間がある。この活動については、多くの場合、メキシコ系の少年少女が参加者の大半を占める。しかし、黒人の少年が器用に道をかきわけてピアノに近づき、皆に知られた能力に基づいて、何より友達として集団に受け入れられる、という光景も決して珍しくない。時にこの親密な態度は、メキシコ系の少年が、その黒人少年の肩あたりに気軽に腕をまわすことによって、はっきりと示される。それは寛容さというよりはむしろ、友好的な合意を相手に伝える行為である。こうして表明される態度は、[運営]委員会が採用した人種間の関係を築く方針に関わる、きわめて大きな一歩である。(200)

ここで報告者は、黒人の少年がメキシコ系の子供たちの輪に自主的に混ざっていったこと、およびメキシコ系の少年がそれを友情に基づいて受け入れたということを、同センターの活動による大きな成果として強調する。さらには、この光景が「決して珍しくない」ものであるとも主張する。そこからは、人種混合のレクリエーションを通して、黒人の子供たちが同年代のメキシコ系に友好的に受け入れられる状況を自分たちは達成しつつあるのだ、という自負が見て取れる。同センターにとっては、黒人と移民が友情によって結びつくというあり方が「理想的」であり、子供たちをそのあり方に導けたことは「成功」であったのだろう。しかしその一方で、子供たちに関するこの「成功」を強調する裏には、地域の黒人たちへのある種の印象が見え隠れする。移民たちから見下される黒人、というレイファーの見解を出発点の一つとしていた同センターは、果たして地域の黒人の大人たちが同様の「成功」を達成できると考えていただろうか。むしろここからは、同センターが地域の黒人たちの大半を、「理想的」で「友好的」な人種関係を築けない人々と暗にみなしていた可能性が見て取れるのである。

このように、ニューベリー・アヴェニュー・センターは、レイファーの示した黒人像を下地としながら、マックスウェル・ストリート周辺の黒人への見方を確立していった。それらを総合するならば、同センターの目に映っていたのは、南部からマックスウェル・ストリート周辺地域に流れ着き、都市生活に適応できないままに、隣り合う移民たちと友好的な関係も築けずに暮らす黒人、ということになろう。それは実際の福祉活動を通じて育まれた、黒人への同センター独自のまなざしであった。そしてそれは、ニューベリー・アヴェニュー・センターが見出した、ウエストサイドで最も救われるべき存在、すなわちウエストサイドの問題の「核心」であった。

＊　＊　＊　＊

ニューベリー・アヴェニュー・センターのこうした動向を、マックスウェル・ストリートとの関係に重きを置いて眺めるならば、おそらく次のようなことが言えるだろう。一九三〇年前後にマックスウェル・ストリートが「雑然とした場」と化していくなかで、同センターは自分たちなりに「雑然」という「問題」をまなざし、見定め、手を伸ばしていこうとした。それは、「雑然とした場」から広がる「衰退」や「混乱」に巻き込まれないようそれぞれの地域観をもって結束する、というウエストサイド歴史協会やマックスウェル・ストリート商人協会の対応とは、また違うストリートへの反応だった。しかしその一方で、そもそも「雑然」とするマックスウェル・ストリートを、ウエストサイド有数の「問題」を抱えこむ「無秩序」な空間とみなしていたという一点においては、同センターも第3章で取り上げたほかの地域組織と同様であった。つまるところ、反応の仕方や向き合い方は多種多様であれども、近辺の人々にとって「雑然」とするマックスウェル・ストリートは、どこまでいっても「混沌」と蠢《うごめ》く空間だったのである。

第5章　「路上の混沌《カオス》」を生きる

マックスウェル・ストリートの「雑然」は、周囲から「衰退」や「混乱」の顕《あらわ》れとみなされていた。ではそうした最中《さなか》、当のマックスウェル・ストリートの路上において、行き交う人々はいかにその「雑然」を過ごしていたのであろうか。そこにはいかなる生の様式があり得たのだろうか。ここからは再び目線をストリートに転じ、路上を行き交う人々の日々の姿に迫っていきたい。

1　群がる人々、散らばる人々

一九三〇年代のマックスウェル・ストリートには、常に雑多な人々が出入りしていた。そこではヨーロッパからの移民と黒人、地域住民と観光客、そして貧しいホームレスと冷やかしの金持ちとが相互に入り乱れ、混然と行き交っていた。では、そうした「場」にあって、多様な

写真 5-1　マックスウェル・ストリートを「雑然」と行き交う人々
出典：Monty La Montaine, "[Street Scene on Maxwell Street,]" c1930-1950, Photograph, Folder#1, PMS.

人と人同士は実際にどのように「交錯」したのだろうか。

まず着目したいのは、路上の売り買いの様子である。マックスウェル・ストリートの路上マーケットの売り買いを特徴づけていたのは、露天商たちがこぞって行なう「特売」であった。[201]露天商たちは「何から何まで特売中」と称し、常日頃から商品の安売り、まとめ売りを行なっていた。実際、露店では、果物や野菜などの生鮮食品が格安で量り売りされ、簡易な衣服が二着合わせて一ドル以下でまとめて売られた。[202]そして、ほとんどの買い物客は、こうした「特売」を目当てに路上マーケットに足を運んだ。[203]その集客力に関しては、間近で見ていた路上マーケット沿いの商店主たちが「ここに来るのはみんな、特売ハンターか観光客ばかりですよ。みんな、ほかより物を安く買えるからここに来るんです。ほかのどこにもこんな場所はないから、ここを覗きに来るんです」[204]と述べるほどであった。このように、「特売」という販売形態は路上マーケットの強みであり、無二の特色だったのである。

そして、この「特売」という特徴的な販売形態は、路上マーケットを訪れる多様な買い手と、種々の露店を営む売り手との間に、ある「やりとり」を生じさせた。その様は『シカゴ・マーチャント』(*Chicago Merchant*)誌の一九三九年八月号に、次のように記されている。

［午前］九時かその辺りには、嵐［のような群集］が押し寄せ始める。街じゅうから買い物客がやってくるのだ。人々の多くは、中型サイズの馬を運ぶのに十分なほどの買い物バックを携えてやってくる。そして、ある者はものすごい勢いで、ある者は慎重に用心深

く、またある者は口論と議論を果てしなくくり広げながら、買い物をする。多くの場合は英語で、しかし時にはほとんどの商人の実質的な母語であるイディッシュ語で、白熱した話し合いがくり広げられるのである。[205]

「口論と議論」「白熱した話し合い」といった描写から明らかになるように、路上マーケットでは「特売」に臨む売り手と買い手がその場でさらなる価格交渉を行なうのが通例であった。このような価格交渉は、多様な人々がそれぞれに思惑をもって「特売」に臨むなかで生じるものであった。たとえば、大型の「買い物バッグを携えて」買い出しに来ていたのは、この路上マーケットで生活必需品の類を安価に揃えようという人々であった。[206]こうした「目利き」の人々は、[207]生活費を抑えつつ衣食住を充実させるために、慎重に品定めをしながら、常に値引きを願い出るタイミングを狙っていた。また「観光客」「冷やかし」と呼ばれるような人々は、主に休日に、掘り出し物を見つけることや、路上マーケットの空気そのものを味わうことを目的として訪れる買い物客であった。[208]これらの人々にとっては、普通の商店では体験できないような「白熱した話し合い」に挑むこともまた、路上マーケットの楽しみ方の範疇にあった。一方、売り手の商人たちは、数々の露店がひしめくなかで客を捕まえ、かつ利益を出すために、買い手に合わせてぎりぎりの値引き額を提示することを有効な策としていた。このようにそれぞれの思惑をもって「特売」を囲む買い手と売り手は、各々の狙いを達するために、「果てしなく」続く「白熱した」価格交渉に及んだ。言い換えれば、路上マーケットの雑多な買い手と売り手は、それぞれの目的を満たすためならば、その場限りの近しい接触をくり広げることを厭わなかったのである。

「特売」をめぐるこの接触は、雑多な人々が路上マーケットを行き来するなかで、基本的には相手が誰かを問わずに行なわれた。そのこともまた、先の『シカゴ・マーチャント』誌から読み取ることができる。同記事の先の引用部分では、路上マーケットの売り手について、ほとんどの商人がイディッシュ語を用いるユダヤ系であったことが示唆されたが、その後の箇所で買い手についても次のような記述がなされている。

黒人たちは、［この路上マーケットで］もっとも多数の買い物客であり、またもっとも売りつけるのが容易な買い物客である。この黒人たちは路上マーケットじゅうのどこにでもいて、食べ物や衣服の特売で買い物をしたり、［食用の］鳥やペット用の犬を愛でたりしている。［中略］黒人たちはどのスタンドでも歓迎される。(209)

ここでまず明示されるのは、路上マーケットには、買い手として多くの黒人が存在していたということだ。これ自体は歴史的経緯とも合致する話であり、要は周辺区域に居住する黒人たちが、特に多く出入りしていたということであろう。そのうえで、注目したいのは次の二点である。一つ目は「この黒人たちは路上マーケットじゅうのどこにでもいて」買い物をしていたと記されている点だ。先の引用部分で、売り手の多くがユダヤ系の露天商であったことが示され

写真 5-2　店頭での交渉の様子（写真右側、男性２人を参照）
出典：Monty La Montaine, "[Street Scene on Maxwell Street,]" c1930-1950, Photograph, Folder#1, PMS.

写真 5-3 路上における売り手と買い手の接近
出典：Monty La Montaine, "[Street Scene on Maxwell Street,]" c1930-1950, Photograph, Folder#1, PMS.

ているわけで、それを踏まえて読むと、黒人たちはユダヤ系の開く店々に躊躇なく立ち寄り、衣服でも食べ物でも購入していたということになる。生活必需品を仕入れに来た周辺居住区の黒人たちが、ユダヤ系が相手かどうかにかかわらず、「特売」を積極的に利用していた図が想起されよう。次いで注目したいのは「黒人たちはどのスタンドでも歓迎される」という記述である。これを見る限り、ユダヤ系商人の側もまた、黒人か否かにこだわらずに客として彼らを迎え入れていたということになる。露天商たちにとってみても、相手が黒人であるかどうかよりも、「売りつけるのが容易な買い物客」であるかどうかの方が重要だったのであろう。以上より、先に記したような「特売」における相互交渉は、特に相手がどの人種かを問わずに実践されていたことがわかる。そこから察するに、路上マーケットの買い手と売り手は自らが利するかどうかを第一に、それ以外の要素で相手を選り好みすることをせずに、その場限りの近しい接触を行なっていたと考えられるのである。

マックスウェル・ストリートにおいて、こうした接触が見られたのは、買い手と売り手の間だけではなかった。ここでもう一つ着目してみたいのは、行商人の荷車にまつわる事例である。一九三九年一〇月九日付の『サンデータイムズ』紙の記事で、路上マーケット全体の様相を記したイヴリン・シェフナー（Evelyn Shefner）は、そのなかで人々の接触を次のように描写している。

マックスウェル・ストリートとホールステッド・ストリートの交差点辺りによく見られ

る、汚らしい小屋に住む黒人たちは、［路上マーケットの］商人の荷車［販売］を手伝ったり、小さなガラクタ屋を営んだりして生活している。(210)

ここでは、その日暮らしをする黒人と荷車で商いをする行商人との、路上における接触が描かれている。路上マーケットの荷車行商人は、商品の積み込みや荷下ろし、露店の組み立てなど、路上販売をするうえでの日々の雑務を多く抱えていた。(211)そうした行商人にとって、行きずりに手伝いを買って出るその日暮らしの黒人たちは、その場で得られる格好の雑用係であった。他方、その日暮らしをする黒人にとってみれば、行商人を手伝うことは「ガラクタ屋」をするのと同様に、路上における日銭稼ぎの一貫であった。すなわちこの両者は、それぞれ路上マーケットで生活を営むなかで、互いに利する接触を行なっていたのである。

荷車を介するこうした接触については、当事者の立場から語られた回想もある。それは、後にマックスウェル・ストリートを代表する黒人ミュージシャンとして知られるようになったアルヴェラ・グレイ（Arvella Gray）が、一九七〇年代後半にジャーナリストのアイラ・バーコウ（Ira Berkow）のインタビューに応えて、残した回想である。グレイは一九二〇年代半ばから一九三〇年にかけて、マックスウェル・ストリートでホームレス生活を送っていた体験をふり返り、次のように語っている。

ホームレスをやってるやつと知り合ったんだ。そいつには、マックスウェル・ストリートのあたりで生活している友達がいた。［中略］それで結局俺も、［マックスウェル・ストリートの路上マーケットで］農作物を売っているやつらを手伝う仕事を始めたのさ。あのころ、マックスウェル・ストリート［の路上マーケット］はジェファソン・ストリートまでずっと続いていた。だからいつも、荷物の積み下ろしを手伝っているうちに、クォーター硬貨か一五セントくらいの小銭をもらえたんだ。[212]

グレイの語りは、荷車行商人とその日暮らしをする人々との接触について、より具体的な光景を想起させてくれる。当時のグレイは、その日暮らしをするなかで、路上マーケットのジェファソン・ストリート方面に顔を出すことを日課としていた。そして、「農作物を売っているやつら」という不特定の相手を思わせる表現を見るに、おそらく特定の商人というよりは、そのときに積み下ろし場に居合わせた行商人を手伝って「クォーター硬貨か一五セントくらいの小銭」を得ていた。それがホームレス仲間の先例にならった生活であったことを考えると、グレイ以外のその日暮らしの者たちもまた、日課としてそこで行商人相手に日銭を稼いでいたのであろう。翻って、ジェファソン・ストリート方面で商品の積み下ろしをする農作物の行商人たちは、その場に集まってくるホームレスたちの労力を常々あてにして、日々の商いを進めていた。こうした具体例から想起されるように、路上マーケットのそれぞれの一画では、日銭を求める人々と雑務を抱える行商人とが一時的に寄り集まり、その場限りの相互補完的な接触をくり返していたのである。

これらの検証を鑑みるに、マックスウェル・ストリートの雑多な人々は、日々「雑然」と行き交うなかで、それぞれに折を見て近しく接触していた可能性が高い。路上の人々は、示し合わせて集合したり、連携したりしていたわけではなかった。それよりはむしろ、個人個人の思惑に従って、半ば場当たり的に刹那的な接触と散開をくり返していた。すなわちそれが、マックスウェル・ストリートにおける人と人との「交錯」の仕方だったのである。

2　「路上の混沌《カオス》」——多様な生を営む人々

マックスウェル・ストリートの人々は、その場限りの接触と散開をくり返しつつ、それぞれに生の営みをくり広げた。行き交う雑多な人々による営みは、やはり多種多様なものであり、集約する方向性を持たないものであった。では実際、この路上では、いかなる営みがくり広げられたのであろうか。

まずは、路上マーケットに多数ひしめいていた露店の周りを見てみよう。そこには様々な種別の露天商、すなわちスタンドを構えるユダヤ系商人や荷車を引く行商人たちがいた。露天商たちは続々と行き過ぎる通行人を前に、それぞれのやり方で呼び込みに精を出した。当時の複数の記事によれば、次のような呼び込みの文句が、実際に飛び交っていたという。

「見て、見て、この特売を見て。純毛製のユニオンスーツ、アメリカでこれより良い品はないよ。それがたったの五七セントだ[213]」

「お客様、私たちはそこで靴と洋服を売っております。ええ、全品特売中です。ほら、外套がここに。すぐ冬がきますしね。ボタンをのぞいて純毛製。今なら一五ドルで、いえ一四ドル五〇セントでお売りしますよ[214]」

「ここらの婦人靴、一足一ドル八九セントで売ろうじゃないか。サイズはいくつだい？[215]」

このような積極的な呼び込みに加えて、「おじょーうさん、おじょーうさん。この美しい絨毯を、たったの一ドル九八セントでお求めに！」といった具合に[216]、独特の節回しで「呼び売り」を披露する行商人もいた。商人たちは、ときにスタンドのなかから、ときに荷車と同じ高さのお立ち台から[217]、大声を張り上げ、工夫を凝らし、一人でも多くの客を得ようと奮闘した。

客を引こうとしていたのは、露天商たちだけではなかった。そこには「客引き《プラー》」と呼ばれる商店所属の客引きたちもいた。客引き《プラー》は文字通り、路上マーケット沿いの商店に、通行人を引き込むことを生業とする者たちであった。そして、記者のマルコム・マクダウェル（Malcolm Mcdowell）が「客引き《プラー》たちは言葉巧みにあなたの袖を引き、じりじりと自身の売り場に引き込むだろう」と記した通り[218]、客引き《プラー》はややもすると強引な客引きを行なう者たちだった。

一九二五年から一九四三年まで、マックスウェル・ストリート界隈の衣服店に客引き《プラー》として雇われていたレイ・ノヴィック（Ray Novick）は、その客引きの方法について、必要とあれば「道をふさいだり、手をつかんだり、コートを引っ張ったり」といった身体接触をともなう手段に打って出たと回想している。(219) それは、ときに路上の喧嘩にも発展するような激しさを伴う客引きであった。

ただし、客引き《プラー》たちが体を張って、ときに通行人と争うリスクまで背負って強引な客引きをするのには理由があった。ノヴィックは次のように語る。

あの頃、客引き《プラー》はみんな、屋外ではなく店内で働くことを夢見ていました。たとえ店内の仕事がより一層大変なものだとしてもです。なにせ外は、冬になると寒くて湿っぽいし、夏になるとみじめなほどに暑かったんですから。

外で働く販売員のほとんどは移民でした。そして移民たちは、ダウンタウンのデパートや、その近辺の店に働きに出ようとはしませんでした。自身の訛りのせいで、雇ってもらえないということがわかっていたのです。でも販売員たちは、ある程度お金を貯めて、「マックスウェル・」ストリートを去った後には、どの地域にでも入っていけました。そして自身の店を開いていったのです。みんな、例外なくうまくやったもんですよ。そう、マックスウェル・ストリートで学びさえすればね。(220)

ノヴィックたち移民の客引き《プラー》は、路上マーケットからマックスウェル・ストリート商店街に働き場を移し、やがては別の場所に自分の店を開くという社会的経済的な向上の構想を思い描いていた。そうした夢への第一歩として、体を張って、必死に路上で客引きをしていたのである。このようにマックスウェル・ストリートには、某かの展望をもって、日々活動に勤しむ者たちもいた。

路上における物売りのかたちは様々であり、なかには路面に直接物品を広げて「ボロきれ売り」や「ガラクタ屋」を営む人々もいた。「ボロきれ売り」は路上マーケットじゅうのどこでも見られたし、「ガラクタ屋」は路上マーケットの東端、クリントン・ストリートとの交差点付近に多く見られた。特に「ガラクタ屋」たちは、「複雑な機械でも組み上げることができてしまうほどの」豊富な部品とジャンク品、および何に使うのかもわからない廃棄品をひとまとめにして路面に広げ、一、二セントでそれらを売りさばいていたという。(221) 一九二三年、二一歳のときにミシシッピ州からシカゴへと移ってきた黒人リーマン・レノルズ（Leeman Reynolds）は、一九三六年以降、路上マーケットで車のホイールキャップなどを広げて売る暮らしを始めた。彼の「店」には、ホイールキャップ以外にも中古の便器やモップ、錆びた工具、割れた杖などが売り物として並べられた。回想によれば、レノルズはストックヤードで働いて資金を貯め、自身の食料雑貨品店を開いたものの、やがて破産してこの暮らしに辿り着いたのだという。(222) レノルズのような「ガラクタ屋」たちは、その日その瞬間を生き繋ぐために、集められる限りの「商品」を集め、こうして路面売りを営んでいたのである。

路上マーケットの物売りのなかには、どこかで盗んできた商品を売りさばく人々もいた。先の『サンデータイムズ』紙の記事を記したシェフナーは、「失くした、あるいは盗まれたスポーツ用品の多くは、マックスウェル・ストリートのマーケットに辿り着く。それらは売りさばかれ、売り手と買い手は双方が得をすることになる」と述べ(223)、かねてから盗品を転売する文化が路上マーケットに根付いていたことを示唆している。加えて、盗品だけではなく麻薬等が売られることも、この路上マーケットでは少なくなかった。一九二四年、六、七歳の頃に、母親と二人で南部からマックスウェル・ストリート周辺に移ってきたという黒人ベニー・モーリス（Bennie Mourice）は、少なくとも一〇歳の頃には、麻薬の運び屋をして小遣いを稼ぐようになっていた。モーリスは、路上マーケット沿いの売春宿を主な届け先として、麻薬を運んだ。「マックスウェル・ストリート辺りの売春宿で働いている女は、みんな俺を使ったよ。だって俺は幼い少年だったし、金をくすねて逃げるようなことはしなかったからな」と語るように、モーリスは多くの仕事を引き受け、子供ながら一日につき三、四ドルを稼ぎ出すようになった(224)。そうした暮らしを続けながら青年になったモーリスは、やがて麻薬を売りさばく側にまわり始めた。モーリスは当時のことを、以下のように回想している。

麻薬でどれだけ金を稼げるか知ったとき、俺は仰天したよ。だから少したってから、俺は［麻薬］取り引きを始めた。暮らしをよくするためには、運ぶより売る方が良いと思ったんだ。ティーンエイジャーだった俺は、すぐこの仕事に没頭しちまった。一日に

写真 5-4　露天商の呼び込みと足を止める人々①
出典：Monty La Montaine, "[Street Scene on Maxwell Street,]" c1930-1950, Photograph, Folder#1, PMS.

五〇、六〇、七〇ドル分のブツを買っていくような客たちを相手にしていたのさ。だけど俺は、自分を拘置所から出すための保釈金に数千ドルを費やした。あのころを振り返って唯一誇ることができるのは、母さんが家を買うのを手助けできるくらいの金を工面できたってことだけさ。(225)

このようにマックスウェル・ストリートでは、売人や運び屋を生業として選んだ人々が、その場を拠点に麻薬取引を行なうことも珍しくなかった。モーリスの「暮らしをよくするために」という判断基準、および母親への想いによく表

写真 5-5　露天商の呼び込みと足を止める人々②
出典：Monty La Montaine, "[Street Scene on Maxwell Street,]" c1930-1950, Photograph, Folder#1, PMS.

写真 5-6　試着を促す露天商　　出典：Nathan Lerner, "[Street Scene on Maxwell Street,]" c1934-1937, Photograph, Folder#1, Box#1, MSPNL.

写真 5-7 路上の「ガラクタ屋」
出 典：Monty La Montaine, "[Street Scene on Maxwell Street,]" c1930-1950, Photograph, Folder#1, PMS.

れているように、そうした取引に勤しむこともまた、日々を生きるためのしたたかで懸命な営みであった。

マックスウェル・ストリートでは、物売りでない人々も、様々なかたちで日常の営為をくり広げていた。たとえば、路上を行き来する人々の間でよく行なわれていたことの一つは、「食べ歩き」であった。先の『シカゴ・マーチャント』誌（一九三九年）には、「［路上マーケットを行く］人々はみな、ひどい食欲に襲われているように見える。誰もかれもが、コーンに乗ったアイスクリームやホットドッグ、ケーキ、ソーセージ、バナナ、オレンジなど何かしらを食べているのだから」[226]との一節が記されている。豊富な食料品のスタンドで軽食等を買い込み、それらで小腹を満たしながら、路上を歩く人々の様子が垣間見えよう。また、同記事では「買い物客が行き来し始めると、ホットドッグやハンバーガーのスタンドは大忙しだ。濃厚に漂うタマネギの香りをめがけて、客たちはスタンドに駆け込んでくる。店主は次々に肉を焼いて、際限なく調理を続ける。ストリートの埃もおそらくは混ざり込んでいるだろうが、誰もそんなことは気にしない。だいたいのことは、マスタードが誤魔化してくれる」との描写もなされている[227]。人々の「食べ歩き」への欲求と、ストリートの埃っぽさすら「味わい」にしてしまう空気感とが、そこにあったことがわかる。このように路上マーケットでは、多くの観光客や通行人、周辺住民が食べ物のスタンドを利用し、こうした「食べ歩き」を存分に楽しんだ。そして、この楽しむということは、連綿と続く人の「生」において、欠かすことのできない重要な営みの一つであった。

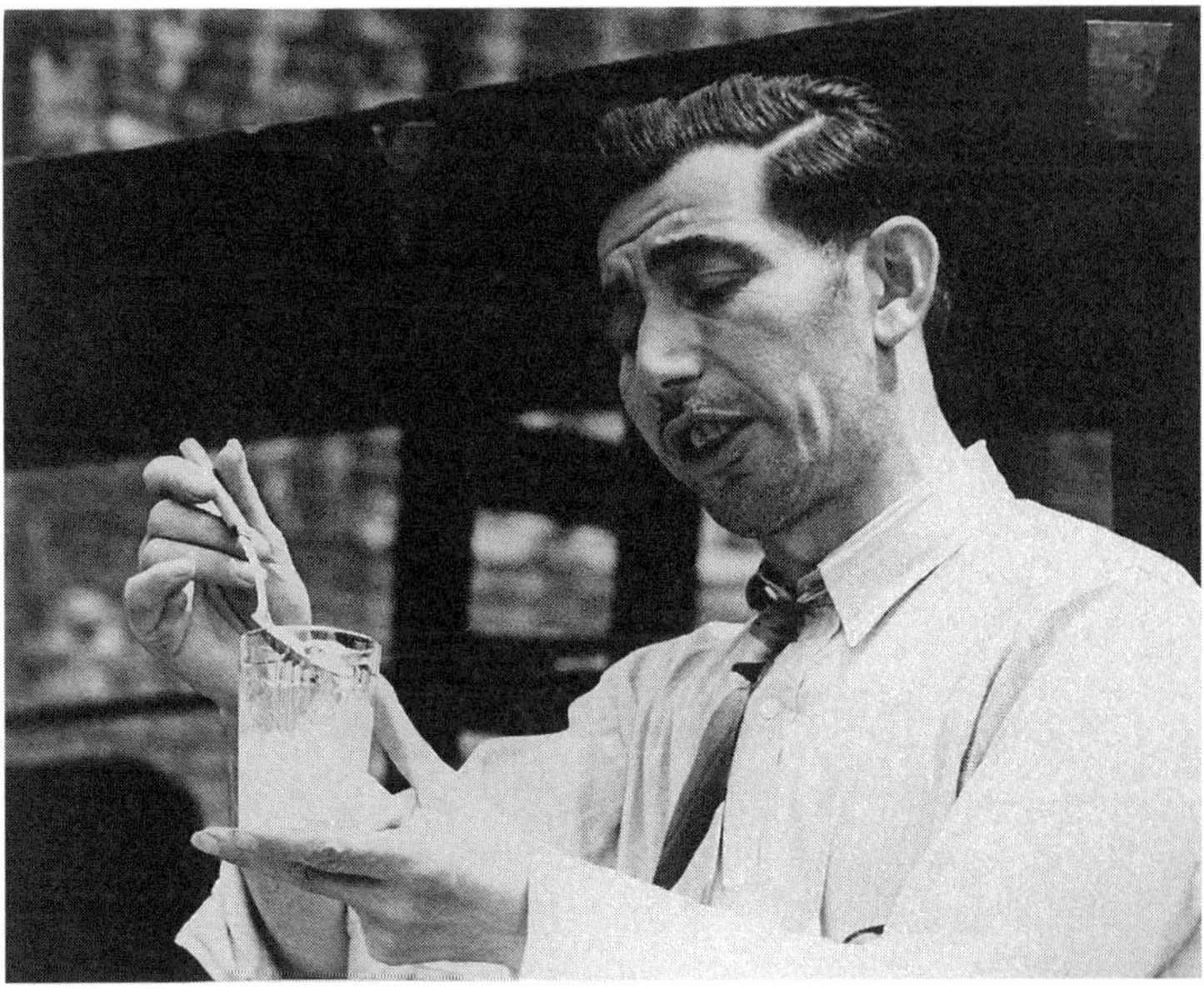

写真5-8 ストリートでアイスクリームを食す男性
出典：Monty La Montaine, "[Street Scene on Maxwell Street,]" c1930-1950, Photograph, Folder#2, PMS.

こうした楽しみを得る機会は、「食べ歩き」だけではなかった。路上マーケットでは、大道芸や路上演奏が盛んに行なわれていたのだ。一九三九年一一月二三日付の『デイリー・ニュース』（*Daily News*）の記事で、記者のロバート・M・ヨダー（Robert M. Yoder）は、「ジプシーの子供四人組のダンサーチーム」が、マックスウェル・ストリートでにわかに人気を博しているという旨を記した。そのチームは、一人の少年が使い古した銀の盆をドラム代わりに叩くのにあわせて、ダンサー役の少年少女が世俗的なダンスを激しく踊る、という芸を披露していたという。これを受けて、道行く人々は輪を作るようにして子供たちの周りを取

写真 5-9　洗濯板やタライを用いて路上演奏をするジャグバンド
出典：Nathan Lerner, “[Street Scene on Maxwell Street,]” 1936, Photograph, Folder#3, Box#1, MSPNL.

り囲み、投げ銭をしたりリズムを褒めそやしたりしながら、芸を楽しむのが常であった[228]。類似の光景は、一九三六年に写真家ラーナーによって撮影された、一枚の写真〔写真5—9〕にも表されている。そこに写るのは、洗濯板やタライを打楽器とし、そこにアコースティックギターやサックス、カズー等で伴奏を加えるジャグバンドの演奏風景だ。ここでもやはり、足を止めた人々がジャグバンドをほど近い距離で囲い込み、歌を口ずさんだりしながら、演奏を享受していたことが見て取れる。また、ラモンターニュが撮影した一枚にも同様に、ギターの路上演奏をする男性とその周りに集う人々の様子が写し出されている〔写真5—10〕。すなわち、マックスウェル・ストリートを行

写真5-10　ギターの路上演奏と周りに集う人々
出典：Monty La Montaine, "[Street Scene on Maxwell Street,]" c1930-1950, Photograph, Folder#1, PMS.

写真 5-11　大道芸を見物する人々の様子
出典：Monty La Montaine, "[Street Scene on Maxwell Street,]" c1930-1950, Photograph, Folder#4, PMS.

き来する人々のなかには、音色や歓声を聞きつけて足を止め、輪に加わって路上の芸を享受し、その瞬間の楽しみを得る、という一連の過ごし方をする者たちが少なからずいたのである。

このように、マックスウェル・ストリートには、それぞれにかたちも事情も異なる生の営みが、それでいてそれぞれにどこか懸命な生の営みが溢れていた。それらは刹那的な接触を前提とするこのストリートで、重なり合っては離れ、離れてはまたぶつかり合っていた。それこそが、マックスウェル・ストリートの人々が過ごす毎日であった。記者のマクダウェルは、その光景を指して「目にも鮮やかで、愉快で、生き

写真5-12　サイコロ賭博か何かに興じる人々
出典：Monty La Montaine, "[Street Scene on Maxwell Street,]" c1930-1950, Photograph, Folder#2, PMS.

生きとしていて、そして探検する価値の十分にある」ものであると記した[229]。一九二〇年代半ばにホームレスとしてストリートにたどり着いたグレイは、「いつでもお祭り以上で、夢のようで、とにかく華やかだったんだ」と回想した[230]。『シカゴ・マーチャント』誌の記者は、「竜巻」「嵐」とそれを表現した[231]。こうした輝きや暴風のたとえは、営み同士の刹那的なぶつかり合いが、何らかのエネルギーを迸らせていたことを想起させる。おそらく人々は、営み同士の作用反作用の中でそうした「生」の活力を生み、それを交換して持ち帰っていたのであろう。そう考えると、一見とらえどころのないマックスウェル・ストリートの「雑然」の実態は、周囲が懸念したような意味や価値のない「無秩序な混沌」ではなく、接触のなかから活力を生み出す「路上の混沌《カオス》」だったといえるのではないだろうか。人々は日々のふとした瞬間に、そのエネルギーを交わすべく、マックスウェル・ストリートへとくり出していたのである。

＊　＊　＊　＊　＊

改めてとらえ直すならば、「雑然とした場」であるマックスウェル・ストリートに遍在していた「何か」というのは、この「路上の混沌《カオス》」であるということになろう。そしてそれは、この時代のシカゴを生きる人々、ひいてはアメリカ社会を生きる人々にとって、生活上、実は肝要なものであった。なぜならこの一九三〇年代には、アメリカ社会は大恐慌の暗い影響の只中にあったからである。大恐慌に端を発する不況は、人々の実際的な暮らしはもちろん、心のあり様にも陰を落としていた。作家でありジャーナリストでもあったフレデリック・L・アレン（Frederick L. Allen）は、一九四〇年に、一九三〇年代のアメリカを活写した『シンス・イエスタデイ――一九三〇年代・アメリカ』（*Since Yesterday: The 1930s in America*）を著したが[232]、そのなかで大恐慌の影響について次のような記述を残している。

たくましく自尊心あふれる労働者ならば、たとえ家族が苦しむのを見なければならないとしても、数週間や数か月の失業に耐えることはできた。しかしまる一年、二年、三年と失業が続くとなると、話は別だ。一九三二年に、公園のベンチでうずくまっていたり、無料給食所の行列を待ってわびしく立ち尽くす人々のなかには、一九二九年からずっと失業している者もいた。(233)

大恐慌の経済的な打撃は計り知れないが、それはほかにも、人々の日々の心のあり様に多大な影響を及ぼした。先の引用にあるように、数年に渡って失業し続けた人々は毎日の多くをうなだれて過ごしたであろうし、そうした空気は街や公園ですれ違うたびに、人から人へと連鎖したことであろう。アレンはこの他にも、八時一四分発の列車を待つ郊外の駅で、「半ばあきらめながら」職探しに向かう失業者と、「毅然たる態度」を崩さないように気を張る失業目前の労働者とが、交錯する図を描き出している。(234) 両者ともに、発露のかたちは違うにしても、精神を摩耗させていたことには相違ない。そんななかにあって、人々は生きる活力を得るための日常的なやり方の一つとして、「路上の混沌《カオス》」を求めることがあったのではないだろうか。たとえば、大不況の只中で再びホームレス生活を始めることになったグレイは、その際「とりあえずマックスウェル・ストリートに戻ってみよう」と考えたという。(235) 日銭の稼ぎやすさはもちろんであろうが、それは一方で、心に勢いが必要な際にはマックスウェル・ストリートに行けば良い、という選択肢があったことを示しているようにも見える。このように、一見とりとめもない「雑然」としたストリートに宿る「何か」、すなわち「路上の混沌《カオス》」は、一九三〇年代アメリカの人々の「生」と密な関連を持っていた可能性が高いのである。

おわりに

一九二〇年代半ばから一九三〇年代半ばにかけて、シカゴのウエストサイドに位置するマックスウェル・ストリートは「雑然とした場」として成立した。雑多な人々が「雑然」と交錯するそのストリートは、周囲からは「無秩序な混沌」とみなされる空間であったが、その実、路上を行き交う人々の「生」と着実に関わる「場」であり得た。

「雑然とした場」の成立の背景にあったのは、マックスウェル・ストリート周辺区域の変遷であった。一九世紀半ば以降、シカゴのウエストサイド一帯には、多くの移民たちが暮らすようになっていた。そんななか、一八八〇年頃から一九二〇年頃にかけて、マックスウェル・ストリートのあるニアウエストサイド地域には、アメリカに渡ってきたばかりのユダヤ系移民が大量に流れ込んだ。先に地域を拓いたドイツ系やアイルランド系の移民たちが西へ移動し、老朽化した家屋が安価に貸し出されたという点、および先人たちのなかのユダヤ系が先んじてシナゴーグ等を築いていたという点が、この大量流入が生じた理由であった。ほとんどがロシア出自であったこのユダヤ系移民たちは、ニアウエストサイド地域に流れ込むと、他の移民居住区の狭間となっていたマックスウェル・ストリート周辺区域に、自分たちの居場所、自分たちの居住区を確保していった。

そうして成立したユダヤ系居住区であったが、一九二〇年代、特に一九二〇年から一九二四年頃にかけて、その様相を一変させることとなった。南部黒人の「大移動」の流れを受けて、南部綿作地帯からシカゴに到着したばかりの黒人たちが、マックスウェル・ストリート周辺区域に流入したのである。「大移動」でシカゴに流れ込んだ黒人たちの多くは、サウスサイドの黒人集住地域に居を定めていった。その一方で、一部の黒人たちは、ユダヤ系移民が入ってきた頃よりさらに老朽化し、場合によっては電気設備や水道設備すら不十分になっていたマックスウェル・ストリート周辺区域の木造住宅を、格安で借り出すことを選んだ。こうした黒人たちの急激な流入を受けて、もとの住民であったユダヤ系移民たちは、押し出されるようにして西のノースローンデイル地域に「脱出」した。かくしてマックスウェル・ストリート周辺区域は、一九三〇年までに、黒人人口が六割を占める黒人居住区へと変貌した。

周辺区域がそうした変遷を辿るなかで、マックスウェル・ストリート上には、露店の居並ぶ路上マーケットが形成された。一九世紀末頃、マックスウェル・ストリート周辺区域にユダヤ系居住区が築かれるのにあわせて、一部のユダヤ系移民たちは、人通りの多いジェファソン・ストリートで生活必需品の軒先販売を始めた。路上はおのずと売買の空間となり、荷車を引いた行商人たちもそこに集まってくるようになった。これが路上マーケットの始まりとなった。やがて売場はマックスウェル・ストリートへと拡大し、露店展開の中心をそちらに移しながら、西へとその範囲を広げた。そして、一九一二年には市の公認を受け、「マックスウェル・ストリート・マーケット」が正式に成立するに至った。

一九二〇年代半ばを過ぎると、周辺区域が黒人居住区へと急変したことにより、路上マーケットにも多くの黒人たちが出入りするようになった。その一方で、入れ替わるように西のノースローンデイル地域に移り住んだはずのユダヤ系移民たちもまた、売り手として、もしくは買い手として、この路上マーケットに出入りし続けた。そうしたユダヤ系移民たちに倣うようにして、日用品の売買等でこれまで路上マーケットを利用していたウエストサイド一帯の他の移民たちもまた、この場所を訪れ続けた。結果、路上マーケットには、これまで以上に多くの人々がひしめき合うようになった。活況を増した路上マーケットは、東西に広がるマックスウェル・ストリートの多くを占めるまでに拡大した。路上には、果物やスパイス、生魚を積んだ荷車や、衣類のワゴン、生きた鳥を売るスタンドなどが居並び、さまざまな売り手と買い手がその場に混在するようになった。こうして一九三〇年頃までに、路上マーケットは、多様な人々が騒々しく行き交う場所となり得たのである。

路上マーケットのこうした盛り上がりとともに、マックスウェル・ストリートはいよいよ「雑然とした場」と化した。そこで重要な役割を果たしたのは、ここまでの歴史的変遷を通して培われた、いくつかの空間的特質であった。そのうちの一つは、路上マーケットにおける「境界」の曖昧さである。特に一九二〇年代半ば以降、従来のマーケット利用者であるユダヤ系移民と地域の新参である黒人とがその場に混在するようになったことで、ただでさえ居住区とは異なる路上マーケットという空間は、より一層「境界」の希薄な場所となった。そして、誰にとっての生活領域《テリトリー》なのか、という区別が薄らいだことで、路上マーケットは誰をも拒むことなく、受け入れる場所となり得た。同時に、もう一つあげられる空間的特質は、主に周辺区域の変遷がもたらした「流動性」と「開放性」である。一九二〇年代半ば以降、マックスウェル・ストリートの辺りに暮らす顔ぶれは一定せず、常に南部から着いたばかりの新しい黒人が流れ込んでは離れていくという状況にあった。その場に常に新顔がいるというこの状況は、路上マーケットを含むマックスウェル・ストリートを一層開放的なものとし、ウエストサイドの外部の人々、たとえば物見遊山の観光客をも引き寄せることとなった。これらの空間的特質を受けて、マックスウェル・ストリートには、新手か常連かを問わない多様な人々が、常に入れ替わり立ち替わり出入りするようになった。このようにしてマックスウェル・ストリートは、雑多な人々が絶えず動態的に行き交い、それぞれのふるまいを為す「雑然とした場」と化していったのである。

一九三〇年前後、マックスウェル・ストリートが「雑然」としていくのと時を同じくして、同ストリートの近辺では様々な動きが生じた。たとえば、マックスウェル・ストリート近隣のウエスト・ガーフィールドパーク地域では、レグラー図書館を本拠にウエストサイド歴史協会が発足し、活動を開始した。ウエストサイド歴史協会は、ウエストサイド一帯の「衰退」を懸念し、それへの対応として、一九世紀半ばの旧ウエストサイド住民の「上流」な様相と「発展」の物語を誇る「地域史」を描くことを試みた。そして歴史協会は、当事者意識をもってその「地域史」を共有する「地域コミュニティ」を作り出そうと、旧住民の存在を媒介に集う、毎年恒例の講演会を企画、運営するようになった。

また、一九三〇年代半ばには、マックスウェル・ストリート商店街を中心にマックスウェル・ストリート商人協会が立ち上がり、「マックスウェル・ストリート都市改良プロジェクト」を開始した。商人協会は、眼前の路上マーケットの「混乱」を憂い、整然とした規格スタンドの立ち並ぶ新マーケットの構想図を打ち出した。そのうえで、構想の実現に向けた諸活動を通して、日頃まとまる機会の少ない露天商を含む商人たちの間に連帯感と連携を生み出そうとした。

このように両組織は、眼前の「衰退」や「混乱」に危機感を覚え、ウエストサイドを肯定的に再評価するための基準点、いわば「理想図」を描き出すことを試みた。加えて、「理想図」をともに抱く「地域コミュニティ」を創り出すことで、自分たちが「衰退」や「混乱」に巻き込まれること、もしくは「衰退」する地域の当事者であると判別されることを回避する戦略をとった。そして、そもそも両組織に携わった人々は、ほかならぬマックスウェル・ストリートの「雑然」化を、地域の「衰退」や「混乱」の発端ととらえている節があった。つまり、これらの人々は「雑然」としていくマックスウェル・ストリートを「無秩序な混沌」とみなし、そこに巻き込まれたり同一化されたりすることのないよう、自分たちなりの「地域」を希求する活動を本格化させていったのである。

また同時期、マックスウェル・ストリートの近辺では、セツルメント施設ニューベリー・

アヴェニュー・センターが活動を開始した。同センターは、一九三〇年代前半に前身のマーシー・センターから分かれるかたちで発足すると、シカゴの北に隣接するエヴァンストンで運営会議をくり返し、マックスウェル・ストリートの黒人を福祉の対象に定めていった。それは、ウエストサイドの福祉の最前線を行くための戦略を孕んだ判断であった。同センターは、社会調査をもとに、ウエストサイドで最も救われるべき対象としての黒人像を描き出すと、それを福祉の現場でさらに深化させた。最終的に同センターが見出したのは、南部からマックスウェル・ストリート周辺地域に流れ着き、都市生活に適応できないままに、隣り合う移民たちと友好的な関係も築けずに暮らす黒人の姿であった。

換言すれば、同センターは、マックスウェル・ストリートが「雑然」としていくなかで、自分たちなりに「雑然」の「問題」に注目し、見定め、手を伸ばしていこうとしたのだといえる。それは「雑然とした場」から広がる「衰退」や「混乱」に巻き込まれないよう、それぞれに自分たちなりの「地域」を希求する、というウエストサイド歴史協会やマックスウェル・ストリート商人協会の動向とは、また異なるストリートへの反応であった。その一方で、そもそも「雑然」とするマックスウェル・ストリートを、「問題」の温床とみなすという一点においては、他組織と同様であった。つまるところ、近辺の人々にとって「雑然」とするマックスウェル・ストリートは、どこまでいっても「無秩序な混沌」だったのである。

周囲から「衰退」や「混乱」の顕れとみなされる最中《さなか》にあって、「雑然」としたマックスウェル・ストリートの路上では、行き交う人々がそれぞれに「交錯」し、種々の営みをくり広げていた。特売における売り手と買い手の交渉や、行商人ホームレスとのやりとりに示されるように、この路上では、人々が各々の都合を満たすために、その場限りの近しい接触をするのが常であった。このようなつかず離れずの「交錯」をくり返しながら、雑多な人々はそれぞれの営みに邁進した。ある者は露天商として客を呼び止めることに精を出し、ある者は呼び売りをし、またある者はマックスウェル・ストリートからの「脱出」を思い描いて強引な客引きをくり返した。路上の大道芸を生業とする者もいれば、足を止めてそれを聴き入る人々もいた。多様な人々のそれぞれに全く違った営みは、しかしそのどれもが路上の刹那的な接触と散開を生み、そして人と人との間に「生」の活力の交換を促した。すなわち、人々にとっての「雑然」とは、「生」の活力の充填と発散を促す「路上の混沌《カオス》」であった。人々は意識的にしろ無意識的にしろ、そのエネルギーを交わすべく、日々主体的にマックスウェル・ストリートへと足を運んでいたのである。

改めてとらえ直すならば、「雑然とした場」であるマックスウェル・ストリートに遍在していた「何か」とは、この「路上の混沌《カオス》」であったということになろう。そしてそれは、この時代のシカゴを生きる人々、ひいてはアメリカ社会を生きる人々にとって、暮らしのうえで実は肝要なものであった。なぜならこの一九三〇年代には、アメリカ社会は大恐慌の暗い影響の只中にあったからである。大恐慌に端を発する不況は、人々の実際的な暮らしはもちろん、心のあり様にも陰を落とした。人々は蔓延する苦境の空気感にますますうなだれ、日々の活気を失っていた。そんなとき、人々は生きる活力を得るための日常的なやり方の一つとして、「路上の混沌《カオス》」を求めた。路上ミュージシャンのアルヴェラ・グレイの言葉にもあるように、この場所を知る人にとっては、心に勢いが必要な際にはマックスウェル・ストリートに行けば良い、という選択肢があり得た。つまり、一見とりとめもない「雑然」としたストリートに宿る「路上の混沌《カオス》」は、その実、一九三〇年代アメリカの人々の「生」と密な関係を持っていた可能性が高いのである。

＊　＊　＊　＊　＊

本書の冒頭でも示したように、「マックスウェル・ストリート・マーケット」はその後の時代も続いた。一九五〇年代にはマーケット空間の東半分を失い、一九九〇年代には従来の開催場所であるマックスウェル・ストリートを追われるという憂き目にあったが、それでもその都度かたちを変えながら、ついには場所すら変えて「新生」しながら、路上マーケットは継続した。それも賑わいを過去のものとするのではなく、それぞれの時代に、さわがしく「雑然」とあり続けた。そうしたなかで、この路上マーケットを有するストリートには、「路上の混沌《カオス》」もまた引き継がれていったことが考えられる。

無論それは、不変の「路上の混沌《カオス》」が一九三〇年代から現代まで継承されてきた、ということを意味するのではない。念頭に置くべきは、ストリートに出入りする顔ぶれの通時的な変化だ。この路上マーケット一帯は元来、一九三〇年代だけを見ても、人の出入りが激しい場所ではあった。しかし、時代が移ろい、路上マーケットのかたちが様々に変わると、その変化に合わせるようにして、ますます人々の入れ替わりが促進された。たとえば一九六〇年代初頭、路上マーケットが西半分に縮小された直後、それ以前にはそこを訪れたことのなかった白人のティーンエイジャーたちが、路上発祥の黒人音楽への憧れからマックスウェル・ストリートに通うようになったという事例がある。(236)あるいは二〇〇〇年代初頭、「新生」された路上マーケットには、これまでの種々雑多な大道芸の系譜に連なるようにして、新たにピエロが現れるようになった。(237)このように路上マーケットの一帯では、時代毎に異なる行商人や買い物客、通行人や観光客、大道芸人、ホームレス、福祉関係者らが入れ替わりながら「場」を存立させてきた。それが何を意味するのかといえば、このストリートでは、その時代その時代の人々が、「場」の「雑然」としたあり様や慣習に沿うようにして、その時々に交錯を織りなしてきたということである。言い換えれば、そこには常に、その時々の人々が生み出し、わかちあう「路上の混沌《カオス》」が存在し続けたということになる。つまり、「路上の混沌《カオス》」は同質のものとして受け渡されてきたのではなく、異なる人々の間でその都度更新されつつ、ストリートに「通底」してきたのである。リロイ・ジョーンズの言葉を借りるのであれば、「路上の混沌《カオス》」は「変わりゆく《チェインジング》同じもの《セイム》」として引き継がれてきた、ということになろう。(238)

　そこで一つ考えてみたいのは、そうして時代を越えて「通底」していくなかで、「路上の混沌《カオス》」はその時代毎に異なる文脈で人々の生活に必要とされ続けたのではないか、ということである。一九三〇年代、アメリカ社会は終わりの見えない大不況の最中にあり、人々は経済的な危機感と終末的な空気感の双方に晒されて、精神をすり減らす日々を送っていた。そんななかで、マックスウェル・ストリートの「路上の混沌《カオス》」に触れ、「生」の活力を交換、充填することを求める人々が少なからず存在した。それは先に検討した通りであるが、しかし、果たして不況が過ぎ去り時代が変われば、人々の日々の鬱屈は解消されたのかと問われれば、おそらく答えは否だろう。時代が進むなかで、人々の心を摩耗させたのは、たとえば第二次世界大戦だったかもしれないし、ベトナム戦争や冷戦だったかもしれないし、オイルショックだったかもしれないし、ハリケーン・カトリーナの襲来だったかもしれないし、リーマンショックだったかもしれない。あるいは同時多発テロやヘイトの蔓延だったかもしれない。いずれにせよ、その時代にはその時代の苦難があり、それらが毎日を生きる人々の心に、ふとした瞬間「陰」を落とすこともあったはずである。だからこそ、人々はそれぞれの時代の文脈において、心を奮わせるやり方、日々に活力を得るやり方の一つとして、意識的にしろ無意識的にしろ「路上の混沌《カオス》」を求め続けたのではないだろうか。逆にいえば、時代時代の実生活のなかで求められ続けたからこそ、「雑然とした場」としての路上マーケット一帯と「路上の混沌《カオス》」は、たとえどれほど周囲に厭われたとしても、シカゴの片隅で連綿と息づいてきたのではないだろうか。

そして、そのように「路上の混沌《カオス》」と人々の「生」との関係性をとらえるとき、見えてくるもう一つの可能性がある。それはすなわち、「マックスウェル・ストリート・マーケット」の一帯以外にも「雑然とした場」と「混沌《カオス》」は存在し、アメリカ社会のどこかで脈々と息づいているのではないか、という展望だ。本書の検証では、マックスウェル・ストリートの「路上の混沌《カオス》」の存在が一つの具体的事例として浮き彫りになったわけだが、そこで明らかになった「混沌《カオス》」と人の「生」との密接な関連、すなわち活力の充填と発散を促し得るという実践性を考えると、そうした「混沌《カオス》」がもっといろいろな人々の身近に遍在していたとしても驚きはない。まだ見ぬ「雑然とした場」は、マックスウェル・ストリートと同様に喧騒に包まれた、どこかのストリートかもしれない。公園や駅、空港の自由に出入りできる一画かもしれないし、開放的な酒場やクラブかもしれない。どちらにせよそれは、雑多な人々が流動し、それぞれにふるまい、折々に接触と離散をくりかえす「場」であるはずだ。人々はふとした瞬間、心に勢いを欲する際、自らの知る「雑然とした場」に足を向けてきたことだろう。雑多な人々と交錯し、その「場」らしい「混沌《カオス》」に触れて、活気を充たしてきたことだろう。そして、人々が生きるうえでそうした瞬間を求め続ければこそ、その「雑然とした場」と「混沌《カオス》」は存続してきたのだろう。人々の「生」をより深く読み解くために、その存続の物語を追い求めるとすれば、それは「混沌《カオス》の社会史」となり得る。またそれは、俗にアメリカ社会を指していわれる「多様性」の実際的な系譜を見据えることにもつながる。本書では最後に、「マックスウェル・ストリート・マーケット」一帯の検証が導く展望として、そうした歴史の可能性を提起して結びたい。

あとがき

サウス・デスプレーンズ・ストリートにある現在のマックスウェル・ストリート・マーケットを、私が初めて訪れたのは、二〇一五年三月のことだ。史料リサーチの目的でシカゴに二週間ほど滞在する最中《さなか》、良く晴れた春の日の午後だった。かねてよりシカゴ・ブルースに関心を持っていた私にとって、「マックスウェル・ストリート」の名はそれなりになじみのあるものだった。一九四〇年代、後にシカゴ・ブルースを代表することになるマディ・ウォーターズ（Muddy Waters）やリトル・ウォルター（Little Walter）といったミュージシャンたちが、マックスウェル・ストリートの路上演奏で下積みを兼ねてしのぎを削り合ったという話は、ブルースに関心のある人々の間ではよく知られるところだ。ゆえに、場所もかたちも変わったものの、今もマックスウェル・ストリート・マーケットが存続し、日曜毎に蚤の市が開かれていると聞いたとき、私の頭をよぎったのは「今もそこに路上ミュージシャンたちは集うのだろうか」という素朴な疑問だった。そして実際に、自分の目と耳でそれを確かめてみたくなり、滞在中の最初の日曜日、私は路上マーケットへと足を向けた。

初めて訪れるマックスウェル・ストリート・マーケットは、思った以上に賑やかだった。移転前、マックスウェル・ストリートにあったころに比べて規模はだいぶ小さくなったと聞いていたが、サウス・デスプレーンズ・ストリートの道幅はほどほどに広く、両脇の歩道際と道の中央に露店がそれぞれ列を為している。道いっぱいとまではいかないものの、買い物客の姿も多い。メキシコ料理の軽食の露店には、行列もできているほどだ。肝心の路上ミュージシャンは一人しかおらず、しかもギターを脇に置いて長い休憩に入ってしまっていたので、そこは少々拍子抜けだったが、私の興味はすぐに目の前のマーケットそのものへと移った。せっかくなので、この喧騒のなかにしばし身を浸してみたいと思った。

ちょうど昼時だったので、まずは軽食スタンドに立ち寄り、サルサソースと紫たまねぎがたっぷりと乗ったタコスを買った。見れば、露店の横に用意されたテーブル席は、すでに家族連れの客で満席だ。それほど座りたいわけでもなかったので、店の傍らに立ったまま、せわしく動く店主の様子を眺めつつ食べた。その後は、カメラを片手に、雑貨や小物のワゴンを冷かしてまわった。皿やマグカップ、洗剤や柔軟剤といった細かな生活品はもちろん、あまり見たことのないアニメ調のフィギュアからレスラーマスクまで、雑多に売られている様がおもしろい。

そうしてしばらく巡っていると、ふいに一人の白人男性に呼び止められた。ベージュ色のジャケットを羽織り、立派な一眼レフカメラを首から下げたその壮年男性は、一見すると私と同じ観光客のようだ。何を言われるのかと様子をうかがっていると、その男性はにこやかに

「君のそれはどこのカメラだい？　私は最近、ニコンのレンズを買ったのだけども」と切り出した。「ええと、私のは中古のミラーレスカメラなんですけど……」などと答えるうちに、露店の前で、思わぬカメラ談義が始まってしまった。しばしの後、話がひと段落したので、男性に会釈してその場を離れようとすると、今度は大柄の黒人男性に声をかけられた。まったくの手ぶらでうろついているところを見ると、近場の地元民だろうか。男性は、陽気な笑いを交えながら「日本人？　中国人？　スシ奢ってよ、スシ！」と言葉をかけてきた。こちらは先ほどの男性と違い、話し込む気もなさそうだったので、軽く挨拶を交わしてすぐに別れた。立て続けに話しかけられ、興味深くはあったが切りがなくなりそうでもあったので、そこからは少々歩を速めた。そのまま、入ってきたのとは逆側の方面に抜け、路上マーケットの外れまで進む。すると今度は、数人のホームレスと思しき男性たちがたむろしている場面に遭遇した。サウス・デスプレーンズ・ストリートと、並行して走るダン・ライアン高速道路との間にある細長い空き地には、テントやブルーシートがいくつも張られている。男性たちはおそらくそこの住人だろう。道の先で炊き出しをやっている様子も見えたので、その帰りだったのかもしれない。横を通り過ぎようとすると、男性のうちの何人かが、こちらに胡乱《うろん》な目を向けてきた。その視線の意味するところはわからなかったが、少なくとも好意的なものではない気がした。私はこうして、複数の視線と未だ聞こえる黒人男性の笑い声に背中を押されるようにして、路上マーケットを後にした。これが私の、初めての「マックスウェル・ストリート・マーケット体験」であった。

サウス・デスプレーンズ・ストリートの路上マーケットを離れた後、私はニアウエストサイド地域をさらに南西に進み、本来のマックスウェル・ストリートにまで足を伸ばした。本書の冒頭でも記した通り、このマックスウェル・ストリートという通りは往年の姿をほとんど残していない。一九五〇年代にはダン・ライアン高速道路の建設のために縦断され、一九九〇年代にはイリノイ大学の施設拡充のためにその中心部を取り潰され、今では文字通り「細切れ」となってしまっている。だが、そうしたなかにあって、当時のマックスウェル・ストリートの面影をわずかに残している区間も存在する。イリノイ大学の野球スタジアム脇の小道を抜けた先、モーガン・ストリートとの交差点からブルー・アイランド・アヴェニューとの交差点までの、距離にしてわずか三〇〇メートルほどの区間である。私はおよそ一五分ほどかけて、賑わう路上マーケットから、マックスウェル・ストリートのこの区間へと移動した。

先ほどの路上マーケットとは打って変わって、マックスウェル・ストリートは静かだった。道沿いには小学校や公園もあるが、日曜の昼過ぎ、道を歩いている人は一人もいない。私は誰もいないその区間を一往復すると、何とはなしに、ひび割れた車道を眺めた。ふと、先ほど訪れた路上マーケットの光景と、そこで幾人かと交錯した体験とが頭をよぎる。今でこそ何もないこの路上には、一九九〇年以前、あるいは最盛期の一九四〇年代や五〇年代、どのような露店が連なっていたのだろうか。今見てきたのと似たような軽食や小物の露店だろうか、それともまったく別の何かだろうか。あるいは、そこを行き交っていたのはどのような人たちだっただろうか。カメラ片手の観光客やホームレスはいただろうか、それとも常連の地元民ばかりだっただろうか。そして、人々はどのようにふるまい、何を話していたのだろうか。何も安易に歴史的文脈を無視して、現在の路上マーケットと在りし日のマックスウェル・ストリートとを結びつけたかったわけではない。ただ、先ほど現在の路上マーケットを目の当たりにしたことの余韻が、場の歴史への思いを走らせる一助となっていたことは確かだ。私はそうしてしばらく、誰が通るでもない路上を眺めながら、在りし日のマックスウェル・ストリートに思いを馳せ続けた。

結局、私はこの後、戦間期のマックスウェル・ストリートおよびニアウエストサイド界隈を中心テーマに据え、数年間の研究に取り組むこととなった。改めて当時のストリートの様相を具体的に表す史資料を探すようになったし、その間、現在の路上マーケットやマックスウェル・ストリートを幾度か訪れることもあった。しかし、そうして研究に邁進するなかにあって、常に自分の根本のところには、初めて同マーケットと同ストリートを巡ったあの体験があり続けていたように思う。あの日に抱いた、人々の生の気配への漠とした探求心が、自身をつき動かしてきたように思う。

そして、本書はその延長線上にある。すなわち本書の根幹には、戦間期のニアウエスト界隈の人々の「生」に手を伸ばし、それを読者と共有し、ともに考えてみたいという思いがある。果たして本書は、歴史のなかの生の気配を少しでも感じられるような作になり得ているだろうか。それについては読者の判断に委ねたい。

＊　＊　＊　＊　＊

本書は二〇一九年度に専修大学大学院に提出した博士論文をもとに、改稿を重ねたものである。拙い作ではあるが、出版に至るまでには実に多くの方々にお世話になった。

修士課程のころからの指導教員であり、博士論文の主査を引き受けてくださった樋口映美氏には、ひとかたならぬお世話に与《あずか》った。主に専修大学生田キャンパス九号館の研究室で、ときに博論研究のテーマについて、ときに歴史との向き合い方や叙述の仕方について、時間を忘れて尽きない議論を交わさせていただいた。そこで得た刺激と気づきは、私の財産となり、研究を進める原動力となった。また、同じく研究室で自由闊達な議論を交わした大学院ゼミの仲間たちにも感謝申し上げたい。原稿の読み合いに没頭して終電を逃したこともあったが、その熱量の交換が、ここまでの研究生活を豊かなものにしてくれた。

歴史を学ぶ環境という点においては、専修大学文学部歴史学科の関係各位に大変お世話になった。特に歴史学科の教員・院生・学部生で構成される「専修大学歴史学会」の存在はありがたいものだった。研究成果を報告し、都度批判をもらえる場が身近に開かれているというのはやはり心強く、この環境に身を置いたおかげで、より一層研究に没頭することができた。

専修大学社会知性開発研究センター・古代東ユーラシア研究センターの各位にも改めてお礼を申し上げたい。文部科学省私立大学戦略的研究基盤形成支援事業に採択された古代東ユーラシア研究センター「古代東ユーラシア世界の人流と倭国・日本」（二〇一四年度〜二〇一八年度）の研究プロジェクトにおいて、私は二〇一七年度と二〇一八年度の二年間、リサーチ・アシスタントを務めさせていただいた。研究アプローチの理論的検討部分を担う参加ではあったものの、アメリカ史、それも近現代史から加わるということもあり、古代史に関して門外漢の私には難しい部分も多かった。しかし、まったく別の時代、別の地域を専門とする研究者たちに、自身の研究アプローチを伝える工夫を凝らす、という貴重な経験をここでは積むことができた。その試行錯誤はそのまま、多様な読者を想定した歴史叙述の模索へと引き継がれた。

史料リサーチに訪れた先でも、様々な人にお世話になった。特に、ハロルド・ワシントン図書館、イリノイ大学シカゴ校のリチャード・J・デイリー図書館、シカゴ歴史博物館リサーチセンター、エヴァンストン歴史センターの司書、スタッフのみなさんには、リサーチを大いに助けていただいた。ときに関係者同士の横のつながりを介して、新たな史料コレクションを紹介してもらうこともあった。これらの手助けがなければ、研究のどこかの段階で長い足踏みを余儀なくされていたに違いない。

その他本当に多くの方々に励ましと刺激をいただきながらここまでやってきたが、なかでも学部生時代から変わらず、私の迷走ともいえる試行錯誤にコメントを寄せ続けてくれた清水透氏に改めて感謝を申し上げたい。清水氏と接するなかで学んだ、人としての自己を省みながら歴史に寄り添おうとする姿勢は、今までもこれからも私の回帰点であり続けるだろう。

また、昨今の厳しい出版事情にも関わらず、本書の刊行を快くお引き受けくださった彩流社の各位にも格別の感謝を申し上げたい。本書の出版が成ったのは、担当の竹内淳夫氏が編集の労を厭わず、あたたかな言葉でこの若輩を導いてくださったおかげである。心よりお礼申し上げたい。

最後に、研究と執筆を間近で支えてくれた家族に感謝の意を伝えたい。そして、私の人生の最初の「師」であり、私の歩みをいつも見守ってくれていた亡き祖父に、この初作の刊行を報告したい。

二〇二一年一月

髙橋和雅

髙橋和雅（たかはし　かずまさ）
1984 年　埼玉県生まれ。
2007 年　慶應義塾大学経済学部卒業。
2009 年　専修大学大学院文学研究科歴史学専攻修士課程修了。
その後数年間、音楽商社に勤務したのち、退社。
2018 年　専修大学大学院文学研究科歴史学専攻博士後期課程単位取得退学。
2020 年　博士（歴史学）取得。

主要業績
「マックスウェル・ストリートの音風景——戦間期シカゴの路上マーケットをそぞろ歩けば」（樋口映美編『歴史のなかの人びと——出会い・喚起・共感』彩流社、2020 年）
「アメリカの音楽文化に関する史的視座——理論的枠組の構築に向けて」（『専修史学』第 55 号、2013 年 11 月）など。

カオスの社会史《しゃかいし》——戦間期《せんかんき》シカゴのニアウエストサイド界隈《かいわい》

2021 年 2 月 25 日　初版第 1 刷発行　　定価はカバーに表示してあります

著　者　髙 橋 和 雅
発行者　河 野 和 憲

発行所　株式会社　彩 流 社
〒 101-0051　東京都千代田区神田神保町 3-10 大行ビル 6F
電話 03 (3234) 5931 FAX 03 (3234) 5932
http://www.sairyusha.co.jp
印刷　モリモト印刷㈱
製本　㈱ 難 波 製 本
装幀　渡 辺 将 史

落丁本･乱丁本はお取替えいたします　ISBN978-4-7791-2739-7 C0022

索　引

（→は関連項目を示す）

ア行

カ行

サ行

タ行

ナ行

ハ行

マ行

ヤ行

ラ行

ワ行

註

以下の史料コレクションについては、次のような略記を使用。

MNAR: Marcy-Newberry Association Records. Special Collection, Daley Library, University of Illinois at Chicago.

MSCIP-CR: Maxwell Street Civic Improvement Project, Complete Record of Survey and Progress under Supervision of Ira W. Wolfe, 1939. Research Center, Chicago History Museum.

WSCC: West Side Community Collection 1857-1953. Special Collection, Harold Washington Library Center, Chicago Public Library.

WSHSR: West Side Historical Society Records. Special Collection, Harold Washington Library Center, Chicago Public Library.

（1）毎週日曜、午前9時から午後3時まで開かれる路上マーケットであるが、2020年12月現在は新型コロナウイルスの流行により、開催が休止されている。詳しくは "Maxwell Street Market," City of Chicago, accessed 21 December 2020, https://www.chicago.gov/city/en/depts/dca/supp_info/maxwell_street_market.html を参照。

（2）Philip M. Hauser and Evelyn M. Kitagawa, eds., *Local Community Fact Book, 1950* (Chicago: Chicago Community Inventory, 1953), p. 118; Lori Grove and Laura Kamedulski, *Chicago's Maxwell Street* (Charleston, SC: Arcadia, c2002), p. 9.

（3）Philip M. Hauser and Evelyn M. Kitagawa, eds., *Local Community Fact Book, 1950*, p. 118.

（4）Lori Grove and Laura Kamedulski, *Chicago's Maxwell Street*, pp. 10-16; Carolyn Eastwood, *Chicago's Jewish Street Peddlers* (Chicago : Chicago Jewish Historical Society, 1991), p. 21.

(5) Carolyn Eastwood, *Near West Side Stories: Struggles for Community in Chicago's Maxwell Street Neighborhood* (Chicago: Lake Claremont Press, 2002), p. 8.

(6) Ibid., pp. 8-10.

(7) Ibid., pp. 332-338; "The Market," Maxwell Street Foundation, accessed 5 July 2020, http://maxwellstreetfoundation.org.

(8) Ibid.

(9) "Old Maxwell Street Market, " Vamonde, accessed 5 July 2020, https://www.vamonde.com/posts/old-maxwell-street-market/1166.

(10) たとえば、もとの路上マーケットの歴史保存にも現在の路上マーケットの環境改善にも積極的に関わる、ローズヴェルト大学教授のスティーヴ・バーキン（Steve Balkin）は、次期シカゴ市長となることが決まっていたラーム・エマニュエル（Rahm Emanuel）に宛てた公開書簡で、「マックスウェル・ストリートの魂」を引き継ぐことの重要性を語っている。詳しくは、Steve Balkin, "City Needs New Policy for The New Maxwell Street Market: An Open Letter to Mayor Elect Emanuel, " accessed 5 July 2020, https://blogs.roosevelt.edu/sbalkin/elinks/emanuelletter を参照。ただし、すべてのストリート関係者がこの「魂」という表現を肯定的に使っているわけではない、という点には留意が必要。なかには「新生」した路上マーケットはかつての「マックスウェル・ストリート・マーケット」とは別物であるとし、移転前の路上マーケットの人通りや雰囲気を懐かしむ意味で、「マックスウェル・ストリートの魂は失われてしまった」と話す関係者もいる。これについては Carolyn Eastwood, *Near West Side Stories: Struggles for Community in Chicago's Maxwell Street Neighborhood*, p. 332 も参照。

(11) St. Clair Drake and Horace R. Cayton, *Black Metropolis: A Study of Negro Life in a Northern City* (Chicago: University of Chicago Press, 1993; c1945).

(12) Allan H. Spear, *Black Chicago: The Making of a Negro Ghetto, 1890-1920* (Chicago: University of Chicago Press, 1967).

(13) James R. Barrett, *Work and Community in The Jungle: Chicago's Packinghouse Workers, 1894-1922* (Urbana: University of Illinois Press. 1987); 竹中興慈『シカゴ黒人ゲトー成立の社会史』（明石書店、1995 年）; Christopher Robert

Reed, *The Rise of Chicago's Black Metropolis, 1920-1929* (Urbana: University of Illinois Press, 2011); Christopher Robert Reed, *The Depression Comes to The South Side: Protest and Politics in The Black Metropolis, 1930-1933* (Bloomington, IN: Indiana University Press, 2011).

(14) Thomas Lee Philpott, *The Slum and The Ghetto: Neighborhood Deterioration and Middle-class Reform, Chicago, 1880-1930* (New York: Oxford University Press, 1978).

(15) 中野耕太郎『20世紀アメリカ国民秩序の形成』(名古屋大学出版会、2015年)。

(16) James R Grossman, *Land of Hope: Chicago, Black Southerners, and The Great Migration* (Chicago: University of Chicago Press, 1989).

(17) William F. Whyte, *Street Corner Society: The Social Structure of an Italian Slum* (Chicago: University of Chicago Press, 1943).

(18) Jerma A. Jackson, *Singing in My Soul: Black Gospel Music in a Secular Age* (Chapel Hill: University of North Carolina Press, 2004).

(19) Davarian L. Baldwin, *Chicago's New Negroes* (Chapel Hill: The University of North Carolina Press, 2007).

(20) 仮にこうした検討が進み、複数の営みが交錯する「場」から「生」の諸相が描かれるようになれば、逆に従来検討されてきた単一の営みを織りなすような「場」にも本来的には無数の営みがあり、そこに遍在する「生」の様式があるのだ、という点が見直されることとなろう。

(21) Philip M. Hauser and Evelyn M. Kitagawa, eds., *Local Community Fact Book, 1950*, p. 2.

(22) Louis Wirth and Margaret Furez, eds., *Local Community Fact Book, 1938* (Chicago: The Chicago Recreation Commission, 1938), p. 28.

(23) Philip M. Hauser and Evelyn M. Kitagawa, eds., *Local Community Fact Book, 1950* , p. 118.

(24) Ibid.

(25) *Tribune*, 9 June, 1939.

(26) Amanda I. Seligman, *Block by Block: Neighborhoods and Public Policy on*

Chicago's West Side (Chicago: University of Chicago Press, 2005), pp. 14-15.

(27) Ibid.

(28) Ibid.; Philip M. Hauser and Evelyn M. Kitagawa, eds., *Local Community Fact Book, 1950* , p. 118.

(29) Thomas Lee Philpott, *The Slum and The Ghetto: Neighborhood Deterioration and Middle-class Reform, Chicago, 1880-1930*, p. 78.

(30) Amanda I. Seligman, *Block by Block: Neighborhoods and Public Policy on Chicago's West Side*, pp. 14-15; Lori Grove and Laura Kamedulski, *Chicago's Maxwell Street*, p. 59.

(31) ラビ・リー・J・レヴィンジャー（邦高忠二、稲田武彦訳）『アメリカ合衆国とユダヤ人の出会い』（創樹社、1997 年）、212-213 頁、217-218 頁。

(32) Ira Berkow, *Maxwell Street: Survival in a Bazaar* (Garden City, N.Y.: Doubleday, 1977), p. 6.

(33) "History of Marcy Center," n.d., Folder #1, Box #1, MNAR.

(34) なお 1930 年の国勢調査原典を確認すると、この地域に住むロシア系移民の母国語がほとんどイディッシュ語であったことが確認できる。「ロシア出自のユダヤ系移民」という判断は同情報に由来する。

(35) Philip M. Hauser and Evelyn M. Kitagawa, eds., *Local Community Fact Book, 1950* , p. 118.

(36) Allan H. Spear, *Black Chicago: The Making of a Negro Ghetto, 1890-1920*, pp. 129-133.

(37) Ibid.

(38) Philip M. Hauser and Evelyn M. Kitagawa, eds., *Local Community Fact Book, 1950* , p. 118.

(39) "The Colored Situation, 1923-1930," Folder #8, Box #1, MNAR.

(40) "The Colored Situation of the Ghetto Between Halsted Street and Ashland Avenue," Folder #8, Box #1, MNAR.

(41) Philip M. Hauser and Evelyn M. Kitagawa, eds., *Local Community Fact Book, 1950* , p. 122.

(42)「ブックレット」『マックスウェル・ストリートの伝説 — シカゴ・ブルー

スの聖地に生きた人々』（P ヴァイン・レコード、2008 年）。

（43） Ira Berkow, *Maxwell Street: Survival in a Bazaar*, pp. 28-30.

（44） Davarian L. Baldwin, *Chicago's New Negroes*, p. 25.

（45） St. Clair Drake and Horace R. Cayton, *Black Metropolis: A Study of Negro Life in a Northern City*, p. 601.

（46） "The Maxwell Street District: The Summary of Findings," 3 December 1930, Folder #1100, Box #71, MNAR.

（47） St. Clair Drake and Horace R. Cayton, *Black Metropolis: A Study of Negro Life in a Northern City*, p. 601.

（48） Philip M. Hauser and Evelyn M. Kitagawa, eds., *Local Community Fact Book, 1950* , p. 118.

（49） Ira Berkow, *Maxwell Street: Survival in a Bazaar*, p. 5; Lori Grove and Laura Kamedulski, *Chicago's Maxwell Street*, pp. 10-11.

（50） Ibid.

（51） Carolyn Eastwood, *Chicago's Jewish Street Peddlers*, pp. 9-14.

（52） Ibid., p. 21.

（53） Ibid.

（54） Lori Grove and Laura Kamedulski, *Chicago's Maxwell Street*, p. 47.

（55） Carolyn Eastwood, *Chicago's Jewish Street Peddlers* , p. 21.

（56） Lori Grove and Laura Kamedulski, *Chicago's Maxwell Street*, p. 15.

（57） Evelyn Shefner, "Maxwell Street," *Sunday Times* (Chicago,) 10 September 1939.

（58） Ira Berkow, *Maxwell Street: Survival in a Bazaar*, p. 29.

（59） Carolyn Eastwood, *Chicago's Jewish Street Peddlers*, p. 21.

（60） Lori Grove and Laura Kamedulski, *Chicago's Maxwell Street*, p. 17 も参照。

（61） Malcolm Mcdowell, "Exploring Chicago: Things to See and Do," *Chicago Daily News*, n.d., 1939.

（62） Evelyn Shefner, "Maxwell Street," *Sunday Times* (Chicago,) 10 September 1939.

（63） Ibid.

（64） "The Colored Situation," Folder #8, Box #1, MNAR.

（65） Evelyn Shefner, "Maxwell Street," *Sunday Times* (Chicago,) 10 September 1939.

(66) Ira Berkow, *Maxwell Street: Survival in a Bazaar*, p. 211.

(67) Philip M. Hauser and Evelyn M. Kitagawa, eds., *Local Community Fact Book, 1950* , p. 118.

(68) Ernest Watson Burgess and Charles Newcomb, eds., *Census Data of the City of Chicago,* 1930 (Chicago: University of Chicago Press, 1933), pp. 216-217, 270-271; Philip M. Hauser and Evelyn M. Kitagawa, eds., *Local Community Fact Book, 1950*, p. 310.

(69) "The Maxwell Street District: The Summary of Findings," 3 December 1930, Folder #1100, Box #71, MNAR.

(70) Ibid.

(71) "The Colored Situation," Folder #8, Box #1, MNAR.

(72) "Newberry Avenue Center Annual Report," 26 April 1938, Folder #1102, Box #71, MNAR.

(73) "Maxwell Street to Have Face-Lifting Operation," *Chicago Daily News*, 24 May 1939.

(74) Ibid.; MSCIP-CR.

(75) *The Bulletin of the West Side Historical Society 1,* no. 1 (May 1936), Folder #1, Box #1, WSHSR; *The Bulletin of the West Side Historical Society 1,* no. 2 (October 1936), Folder #1, Box #1, WSHSR; Pearl I. Field, "Legler's West Side Room," Folder #3, Box #1, WSHSR.

(76) 1930 U.S. Census, Cook County, Illinois, population schedule, Enumeration District (ED) 0283, Sheet 5A (handwritten), Dwelling 35, Family 100, Pearl I. Field; digital image, Ancestry.com, accessed 16 May 2019, http://ancestory.com.

(77) 1910 U.S. Census, Cook County, Illinois, population schedule, Enumeration District (ED) 0346, Sheet 10B (handwritten), Dwelling 131, Family 264, Pearl I. Field; digital image, Ancestry.com, accessed 16 May 2019, http://ancestory.com.

(78) Philip M. Hauser and Evelyn M. Kitagawa, eds., *Local Community Fact Book, 1950* , p. 158.

(79) 1920 U.S. Census, Cook County, Illinois, population schedule, Enumeration District (ED) 0395, Sheet 10A (handwritten), Dwelling 84, Family 156, Pearl I.

Field; digital image, Ancestry.com, accessed 16 May 2019, http://ancestory.com.

(80) Ibid.

(81) Philip M. Hauser and Evelyn M. Kitagawa, eds., *Local Community Fact Book, 1950* , p. 158.

(82) St. Clair Drake and Horace R. Cayton, *Black Metropolis: A Study of Negro Life in a Northern City*, pp. 61-64.

(83) Philip M. Hauser and Evelyn M. Kitagawa, eds., *Local Community Fact Book, 1950* , p. 158.

(84) 1920 U.S. Census, Cook County, Illinois, population schedule, Enumeration District (ED) 0395, Sheet 10A (handwritten), Dwelling 84, Family 156, Pearl I. Field; digital image, Ancestry.com, accessed 16 May 2019, http://ancestory.com.

(85) Philip M. Hauser and Evelyn M. Kitagawa, eds., *Local Community Fact Book, 1950* , p. 158.

(86) Ibid., p. 166.

(87) Ibid., p. 170.

(88) Ibid., p. 158, 166.

(89) Ibid., p. 178.

(90) 1930 U.S. Census, Cook County, Illinois, population schedule, Enumeration District (ED) 0283, Sheet 5A (handwritten), Dwelling 35, Family 100, Pearl I. Field; digital image, Ancestry.com, accessed 16 May 2019, http://ancestory.com.

(91) Ibid.

(92) Ibid.

(93) 1910 U.S. Census, Cook County, Illinois, population schedule, Enumeration District (ED) 0346, Sheet 10B (handwritten), Dwelling 131, Family 264, Pearl I. Field; digital image, Ancestry.com, accessed 16 May 2019, http://ancestory.com.

(94) “Old Settlers' Meeting at the Chicago Public Library at Crawford Ave. and Wilcox St.,” 1930, Folder #5, Box #4, WSHSR.

(95) Pearl I. Field, “A Word Picture of the West Side Historical Society and It’s Historical Collection,” c.1947, Folder #3, Box #1, WSHSR.

(96) Pearl I. Field, “Legler's West Side Room,” c.1930, Folder #3, Box #1, WSHSR.

(97) *The Bulletin of the West Side Historical Society 1,* no. 2 (October 1936), Folder #1, Box #1, WSHSR.

(98) Pearl I. Field, "Legler's West Side Room," c.1930, Folder #3, Box #1, WSHSR.

(99) Ibid.

(100) A letter of 23 August 1930 from Pearl Field to John S. Clark, Folder #15, Box #4, WSHSR.

(101) Ibid.

(102) マーシー・センターの見解、"The Colored Situation, 1923-1930," Folder #8, Box #1, MNAR も参照。

(103) Pearl I. Field, "Legler's West Side Room," c.1930, Folder #3, Box #1, WSHSR.

(104) Ibid.; *The Bulletin of the West Side Historical Society 1,* no. 2 (October 1936), Folder #1, Box #1, WSHSR.

(105) オルデンについては、1930 U.S. Census, Cook County, Illinois, population schedule, Enumeration District (ED) 2277, Sheet 5A (handwritten), Dwelling 93, Family 115, Frank A. Alden; digital image, Ancestry.com, accessed 16 May 2019, http://ancestory.com.

(106) マッケナリーについては、1930 U.S. Census, Cook County, Illinois, population schedule, Enumeration District (ED) 2272, Sheet 12A (handwritten), Dwelling 245, Family 256, John J. McEnery; digital image, Ancestry.com, accessed 16 May 2019, http://ancestory.com. また、ジョン・マッケナリーが「旧住民」の子孫であった旨は、"Thomas McEnery," Chicago Irish Families, 1875-1925 [database on-line], edited by Tom Cook; Ancestry.com, accessed 20 May 2019, http://ancestory.com を参照。彼の父トーマスは 1832 年にアイルランドに生まれ、1847 年にアメリカに渡った移民一世であり、そして渡米してすぐにシカゴのニアウエストサイドに食料雑貨店を構えた「旧住民」であった。このことは、*Early Settler Meeting* (1931), Folder #6, Box #4, WSHSR のなかで、ジョン本人の口からも断片的に語られている。

(107) マーカートとその両親については、1940 U.S. Census, Cook County, Illinois, population schedule, Enumeration District (ED) 352B, Sheet 9A (handwritten), Line 35, Arthur A. Marquart; digital image, Ancestry.com, accessed

16 May 2019, http://ancestory.com; 1900 U.S. Census, Cook County, Illinois, population schedule, Enumeration District (ED) 851, Sheet 2 (handwritten), Dwelling 17, Family 28, Henry Marquart; digital image, Ancestry.com, accessed 16 May 2019, http://ancestory.com; 1910 U.S. Census, Cook County, Illinois, population schedule, Enumeration District (ED) 1463, Sheet 5B(handwritten), Dwelling 62, Family 114, Henry Marguart; digital image, Ancestry.com, accessed 16 May 2019, http://ancestory.com; 1920 U.S. Census, Cook County, Illinois, population schedule, Enumeration District (ED) 2237, Sheet 5A (handwritten), Dwelling 56, Family 103, Henry Marguart; digital image, Ancestry.com, accessed 16 May 2019, http://ancestory.com; 1930 U.S. Census, Cook County, Illinois, population schedule, Enumeration District (ED) 1028, Sheet 5B (handwritten), Dwelling 51, Family 101, Henry Marquart; digital image, Ancestry.com, accessed 16 May 2019, http://ancestory.com; 1940 U.S. Census, Cook County, Illinois, population schedule, Enumeration District (ED) 1847, Sheet 5A (handwritten), Line 12, Magdelene Marquart; digital image, Ancestry.com, accessed 16 May 2019, http://ancestory.com.

（108）オバハートについては、1900 U.S. Census, Cook County, Illinois, population schedule, Enumeration District (ED) 849, Sheet 15 (handwritten), Dwelling 167, Family 282, Mabel Oberhart; digital image, Ancestry.com, accessed 16 May 2019, http://ancestory.com; 1910 U.S. Census, Cook County, Illinois, population schedule, Enumeration District (ED) 1459, Sheet 1B (handwritten), Dwelling 10, Family 19, Mabel M. Oberhart; digital image, Ancestry.com, accessed 16 May 2019, http://ancestory.com; 1920 U.S. Census, Cook County, Illinois, population schedule, Enumeration District (ED) 2232, Sheet 1A (handwritten), Dwelling 6, Family 10, Mabel M. Oberhart; digital image, Ancestry.com, accessed 16 May 2019, http://ancestory.com; 1930 U.S. Census, Cook County, Illinois, population schedule, Enumeration District (ED) 1020, Sheet 14B (handwritten), Dwelling 124, Family 271, Mabel M. Oberhart; digital image, Ancestry.com, accessed 16 May 2019, http://ancestory.com.

（109）マディガンについては、1900 U.S. Census, Cook County, Illinois, population

schedule, Enumeration District (ED) 364, Sheet 10 (handwritten), Dwelling 120, Family 152, George Madigan; digital image, Ancestry.com, accessed 16 May 2019, http://ancestory.com; 1910 U.S. Census, Cook County, Illinois, population schedule, Enumeration District (ED) 696, Sheet 1B (handwritten), Dwelling 5, Family 5, George Madigan; digital image, Ancestry.com, accessed 16 May 2019, http://ancestory.com; 1920 U.S. Census, Cook County, Illinois, population schedule, Enumeration District (ED) 2272, Sheet 8A (handwritten), Dwelling 92, Family 84, George P. Madigan; digital image, Ancestry.com, accessed 16 May 2019, http://ancestory.com; 1930 U.S. Census, Cook County, Illinois, population schedule, Enumeration District (ED) 2742, Sheet 11A (handwritten), Dwelling 11, Family 432, George Madigan; digital image, Ancestry.com, accessed 16 May 2019, http://ancestory.com.

(110) *The Bulletin of the West Side Historical Society 1,* no. 2 (October 1936), Folder #1, Box #1, WSHSR.

(111) Ibid.

(112) Ibid.

(113) Ibid.

(114) "Legler's West Side Room," c.1930, Folder #5, Box #4, WSHSR.

(115) Ibid.

(116) Ibid.

(117) Ibid.

(118) "1931 Historical Collection," c.1931, Folder #5, Box #4, WSHSR.

(119) Ibid.; "Second *Early Settlers Meeting* A Success," 1931, Folder #5, Box #4, WSHSR.

(120) "Second *Early Settlers Meeting* A Success," 1931, Folder #5, Box #4, WSHSR.

(121) "[Invitation to the third annual meeting]," 1 October 1932, Folder #7, Box #4, WSHSR.

(122) *The Bulletin of the West Side Historical Society 1,* no. 1 (May 1936), Folder #1, Box #1, WSHSR; *The Bulletin of the West Side Historical Society 1,* no. 2 (October 1936), Folder #1, Box #1, WSHSR.

（123）Ibid.

（124）Ibid.

（125）Ibid.

（126）Ibid.

（127）Ibid.

（128）Ibid.

（129）Ibid.

（130）Ibid.

（131）Ibid.「変化の物語」を強調。

（132）Pearl I. Field, “Legler's West Side Room,” c.1930, Folder #3, Box #1, WSHSR.

（133）“1931 Historical Collection,” c.1931, Folder #5, Box #4, WSHSR.

（134）“Early Settlers Meeting,” 1931, Folder #6, Box #4, WSHSR.

（135）“Invitation Card,” 1933, Folder #8, Box #4, WSHSR.

（136）“1931 Historical Collection,” c.1931, Folder #5, Box #4, WSHSR.

（137）“Second Early Settlers Meeting A Success,” 1931, Folder #5, Box #4, WSHSR.

（138）“Early Settlers Meeting,” 1933, Folder #8, Box #4, WSHSR.

（139）Ibid.

（140）“Program: West Side Historical Society Early Settlers' Meeting,” 18 November 1935, Folder #10, Box #4, WSHSR.

（141）会場となったレグラー図書館のフロアには、参加者が250～300名ひしめいていたといわれる。

（142）“Early Settlers Meeting,” 1933, Folder #8, Box #4, WSHSRによれば、旧友同士の再会を思わせる気さくな空気であったという。

（143）“Old Settlers' Meeting at the Chicago Public Library at Crawford Ave. and Wilcox St.,” 1930, Folder #5, Box #4, WSHSR. ただしコロンビア万博の話をしていたのだとしたら、この年代自体が間違っていることには留意。

（144）“Early Settlers Meeting,” 1931, Folder #6, Box #4, WSHSR.

（145）概要はMSCIP-CRを参照。

（146）Ibid.

（147）Ibid.

(148) "Maxwell Street to Have Face-Lifting Operation," *Chicago Daily News*, 24 May 1939.

(149) Meyer Zolotareff, "Maxwell St.'s New Colors: Orange and Blue," *Chicago American*, 26 May 1939.

(150) "Maxwell Street to Have Face-Lifting Operation," *Chicago Daily News*, 24 May 1939.

(151) 1920 U.S. Census, Cook County, Illinois, population schedule, Enumeration District (ED) 1106, Sheet 6B (handwritten), Dwelling 48, Family 104, Bennie Shimelfarb; digital image, Ancestry.com, accessed 16 May 2019, http://ancestory.com; 1940 U.S. Census, Cook County, Illinois, population schedule, Enumeration District (ED) 1474, Sheet 15B (handwritten), Line 50, Ben Schimelfarb; digital image, Ancestry.com, accessed 16 May 2019, http://ancestory.com.

(152) 1920 U.S. Census, Cook County, Illinois, population schedule, Enumeration District (ED) 1106, Sheet 8A (handwritten), Dwelling 64, Family 101, Julius Rischall; digital image, Ancestry.com, accessed 16 May 2019, http://ancestory.com; 1930 U.S. Census, Cook County, Illinois, population schedule, Enumeration District (ED) 880, Sheet 9B (handwritten), Dwelling 60, Family 158, Julius Rischall; digital image, Ancestry.com, accessed 16 May 2019, http://ancestory.com.

(153) MSCIP-CR.

(154) Meyer Zolotareff, "Maxwell St.'s New Colors: Orange and Blue," *Chicago American*, 26 May 1939 のなかでプロのアーティストが仕事をしたと明記されている。

(155) Ibid.

(156) MSCIP-CR.

(157) "Spruced-Up Maxwell Street Holding Preview of New Era," *Chicago Daily News*, 18 August 1939 で、新たな会長となったモウリー・ホロウィッツ（Maurie A. Holowitz）は、すでに 100 以上の露店が新スタンドを採用していると報告している。しかし、続けて「来週の終わりまでに、ストリートの残り 300 名の商人たちのうち 75%が、新スタンドを得ることになる

でしょう」と発言しており、現在の導入数に満足していない節がうかがえる。ただし、この「100以上」という数字自体、やや多めに見込んだ発言であるように考えられる（1939年のマーケットの俯瞰写真を見る限り、そこまで商人協会規格の新スタンドが広まっているようには見えない）。おそらくホロウィッツのこの発言は、8月18日から25日の間に行われることになった、市長の路上マーケット視察と関係している。急遽、実績をアピールする必要に迫られたホロウィッツは、わかりやすく「100以上」という大きな数字を述べたうえに、それまでの導入期間とあわせて考えると無謀にも見える「来週の終わりまでに、ストリートの残り300名の商人たちのうち75%」という導入目標を打ち出さざるを得なかったのだろう。なお市長の路上マーケット視察が決定したことについては、ウルフが会員にのみ発信したレター "Special Invitation and Beautification Project Progress Report to Public Official, The Press, The Public, and Members," n.d., MSCIP-CRを参照。

（158）"Maxwell Street to Have Face-Lifting Operation," *Chicago Daily News*, 24 May 1939."

（159）MSCIP-CR.

（160）Ibid.

（161）Ibid.

（162）"*25th Annual Report 1931–1956,* " [pamphlet], Folder #1119, Box #72, MNAR.

（163）Ibid.

（164）Ibid.

（165）A letter of 1 October 1931 from Elizabeth C. Harvey to Claud C. Travis, Folder #1100, Box #71, MNAR; "Some Recollections of The Early Years of The Present Newberry Avenue Center, 1930-31-32-33 , " 1963, Folder #1101, Box #71, MNAR.

（166）*25th Annual Report 1931–1956* [pamphlet], n.d., Folder #1119, Box #72, MNAR.

（167）A letter of 1 October 1931 from Elizabeth C. Harvey to Claud C. Travis, Folder #1100, Box #71, MNAR.

(168) "Some Recollections of The Early Years of The Present Newberry Avenue Center, 1930-31-32-33 , " 1963, Folder #1101, Box #71, MNAR.

(169) 1930年時点におけるシカゴの所有住宅価値平均は、Louis Wirth and Margaret Furez, eds., *Local Community Fact Book, 1938* を参照。

(170) 補足として、同センター設立時には、運営メンバーだけではなく現地スタッフの責任者であるヘッドレジデントも、こうしたエヴァンストンの人脈から選出されていたという点に留意したい。

(171) モリソンが5代目のセンター代表（1941年～1942年）を務めたことは A memorandum about the chairmen of the Newberry Avenue Center, n.d., Folder #1101, Box #71, MNAR を参照。また、Minutes of the regular meeting of the Newberry Avenue Center Board, March 1942, 8 May 1942, Folder #1103, Box #71, MNAR からは、運営方針を決める会議の場において、ティトルとモリソンが発言力を持っていた様が見て取れる。

(172) ガサニーについては、1940 U.S. Census, Cook County, Illinois, population schedule, Enumeration District (ED) 211, Sheet 9B (handwritten), Line 48, Isabell Gathany; digital image, Ancestry.com, accessed 16 May 2019, http://ancestory.com.; クーンについては、1940 U.S. Census, Cook County, Illinois, population schedule, Enumeration District (ED) 214, Sheet 24A (handwritten), Line 31, Janet Louise Coon; digital image, Ancestry.com, accessed 16 May 2019, http://ancestory.com.

(173) 外部組織であるシカゴ福祉協議会（Welfare Council of Metropolitan Chicago）がニューベリー・アヴェニュー・センターの活動についてまとめた年次報告資料 "Newberry Avenue Center, " December 1952, Folder #1101, Box #71, MNAR によれば、同センターの運営委員会のメンバーは、1952年には44人まで増えていたという。しかし一方で、委員会にマックスウェル・ストリート地域の住民が1人も所属していないという問題点が指摘されており、エヴァンストン中心のメンバー選出傾向が不変であったことが見て取れる。

(174) Minutes of the regular meeting of the Newberry Avenue Center Board, 13 March 1942, 8 May 1942, 6 October 1942, 12 January 1944, 11 October 1944,

Folder #1103, Box #71, MNAR. 1942 中には主にモリソンの自宅で、その後はファースト・メソディスト教会の 26 号室や 28 号室で、月例会議が開かれていたことが記されている。

(175) 運営に関わる会議を常にエヴァンストンで開くというスタイルが、後に至るまで踏襲されていったという事実は、同センターの議事録だけではなく、外部組織の残した史料によっても裏付けられる。シカゴ福祉協議会は "Newberry Avenue Center, " December 1952, Folder #1101, Box #71, MNAR の中で、1952 年の会議の大半がエヴァンストンで開催されたという旨の記述を残している。

(176) Minutes of the regular meeting of the Newberry Avenue Center Board, 13 November 1942, Folder #1103, Box #71, MNAR.

(177) Minutes of the regular meeting of the Newberry Avenue Center Board, 10 February 1943, Folder #1103, Box #71, MNAR.

(178) Minutes of the regular meeting of the Newberry Avenue Center Board, 10 March 1943, Folder #1103, Box #71, MNAR.

(179) Warren E. Thompson ed., *Adventures in Religion* (The Chicago Congregational Union, 1936), p.4.

(180) *Chase House* [pamphlet], n.d. (c.1940), Folder #4, Box #6, WSCC.

(181) Minutes of the regular meeting of the Newberry Avenue Center Board, 10 March 1943, Folder #1103, Box #71, MNAR.

(182) "The Maxwell Street District: The Summary of Findings," 3 December 1930, Folder #1100, Box #71, MNAR.

(183) "Some Recollections of The Early Years of The Present Newberry Avenue Center, 1930-31-32-33 , " 1963, Folder #1101, Box #71, MNAR.

(184) 1910 U.S. Census, Hudson County, New Jersey, population schedule, Enumeration District (ED) 206, Sheet 4B (handwritten), Dwelling 37, Family 107, Mary Howd Leiffer; digital image, Ancestry.com, accessed 16 May 2019, http://ancestory.com.

(185) Ibid.

(186) 1900 U.S. Census, Lehigh County, Pennsylvania, population schedule,

Enumeration District (ED) 59, Sheet 12 (handwritten), Dwelling 243, Family 254, P. M. Leiffer; digital image, Ancestry.com, accessed 16 May 2019, http://ancestory.com.

(187) 1910 U.S. Census, Hudson County, New Jersey, population schedule, Enumeration District (ED) 206, Sheet 4B (handwritten), Dwelling 37, family 107, Peter M. Leiffer; digital image, Ancestry.com, accessed 16 May 2019, http://ancestory.com.

(188) 1920 U.S. Census, Los Angeles, California, population schedule, Enumeration District (ED) 354, Sheet 9B (handwritten), Dwelling 218, Family 303, Peter M. Leiffer; digital image, Ancestry.com, accessed 16 May 2019, http://ancestory.com.

(189) 1920 U.S. Census, Los Angeles, California, population schedule, Enumeration District (ED) 354, Sheet 9B (handwritten), Dwelling 218, Family 303, Murray H. Leiffer; digital image, Ancestry.com, accessed 16 May 2019, http://ancestory.com.

(190) 1920 U.S. Census, Los Angeles, California, population schedule, Enumeration District (ED) 353, Sheet 5B (handwritten), Dwelling 117, Family 129, Dorothy C. Linn; digital image, Ancestry.com, accessed 16 May 2019, http://ancestory.com.

(191) 1930 U.S. Census, Cook County, Illinois, population schedule, Enumeration District (ED) 2138, Sheet 14A (handwritten), Dwelling 137, Family 405, Murray H. Leiffer; digital image, Ancestry.com, accessed 16 May 2019, http://ancestory.com.

(192) レイファーの肩書については "The Maxwell Street District: The Summary of Findings," 3 December 1930, Folder #1100, Box #71, MNAR の署名部分を参照。また、ガーレット聖書学校の系譜に関しては "Our History, " Garrett-Evangelical Theological Seminary, accessed 15 January 2016, https://www.garrett.edu/about-us/our-history に詳しい。

(193) "The Maxwell Street District: The Summary of Findings," 3 December 1930, Folder #1100, Box #71, MNAR.

(194) Ibid.

(195) "Some Recollections of The Early Years of The Present Newberry Avenue Center, 1930-31-32-33 , " 1963, Folder #1101, Box #71, MNAR の中で、ハーヴェイは完成したレイファーの報告書を各有力者に送付したことを回想している。実際、"The Maxwell Street District: The Summary of Findings," 3 December 1930, Folder #1100, Box #71, MNAR の裏面には、この報告書のコピーを女性国内伝道協会の幹部やトラヴィスにそれぞれ送ったということを示す、手書きのメモが添えられている。

(196) A letter of 1 October 1931 from Elizabeth C. Harvey to Claud C. Travis, Folder #1100, Box #71, MNAR.

(197) "Newberry Avenue Center Annual Report," 26 April 1938, Folder #1102, Box #71, MNAR.

(198) Ibid.

(199) Ibid.

(200) Ibid.

(201) Malcolm Mcdowell, "Exploring Chicago: Things to See and Do," *Chicago Daily News*, n.d., 1939.

(202) Ibid.

(203) Carolyn Eastwood, *Chicago's Jewish Street Peddlers*, p. 21.

(204) Keith Wheeler, "Our Maxwell St. Is to Go Modern," *Daily Times* (Chicago), 25 May 1939..

(205) "You Can Buy Anything on Maxwell St.," *Chicago Merchant*, August 1939.

(206) Carolyn Eastwood, *Chicago's Jewish Street Peddlers*, p. 21.

(207) Malcolm Mcdowell, "Exploring Chicago: Things to See and Do," *Chicago Daily News*, n.d., 1939.

(208) Ibid.

(209) "You Can Buy Anything on Maxwell St.," *Chicago Merchant*, August 1939.

(210) Evelyn Shefner, "Maxwell Street," *Sunday Times* (Chicago), 10 September 1939.

(211) Carolyn Eastwood, *Chicago's Jewish Street Peddlers*, p. 23.

(212) Ira Berkow, *Maxwell Street: Survival in a Bazaar*, p. 435.

(213) Malcolm Mcdowell, "Exploring Chicago: Things to See and Do," *Chicago Daily News*, n.d., 1939.

(214) Ibid.

(215) "Maxwell Street to Have Face Lifted, Ears Scoured," *Chicago Daliy News*, 24 May 1939.

(216) Marcia Winn, "Old World Bazaar Faces Modernism's Threat," 25 May 1939, MSCIP-CR.

(217) Lori Grove and Laura Kamedulski, *Chicago's Maxwell Street*, p. 30.

(218) Malcolm Mcdowell, "Exploring Chicago: Things to See and Do," *Chicago Daily News*, n.d., 1939.

(219) Ira Berkow, *Maxwell Street: Survival in a Bazaar*, p.211.

(220) Ibid, p. 216.

(221) "You Can Buy Anything on Maxwell St.," *Chicago Merchant*, August 1939.

(222) Ira Berkow, *Maxwell Street: Survival in a Bazaar*, pp. 389-390.

(223) Evelyn Shefner, "Maxwell Street," *Sunday Times* (Chicago), 10 September 1939.

(224) Ira Berkow, *Maxwell Street: Survival in a Bazaar*, pp. 416-417.

(225) Ibid.

(226) "You Can Buy Anything on Maxwell St.," *Chicago Merchant*, August 1939.

(227) Ibid.

(228) Robert M. Yoder, "Floor Show on Maxwell Street," *Chicago Daily News*, 23 November 1938.

(229) Malcolm Mcdowell, "Exploring Chicago: Things to See and Do," *Chicago Daily News*, n.d., 1939.

(230) Ira Berkow, *Maxwell Street: Survival in a Bazaar*, pp. 429-430.

(231) "You Can Buy Anything on Maxwell St.," *Chicago Merchant*, August 1939.

(232) Frederick Lewis Allen, *Since Yesterday: The 1930s in America* (New York: Perennial Library, 1972; c1940). 翻訳は、F・L・アレン（藤久ミネ訳）『シンス・イエスタデイ —1930年代・アメリカ』（筑摩書房、1990年）。

(233) Frederick Lewis Allen, *Since Yesterday: The 1930s in America* (New York:

Perennial Library, 1972; c1940), p. 48. 翻訳は、F・L・アレン（藤久ミネ訳）『シンス・イエスタデイ —1930 年代・アメリカ』（筑摩書房、1990 年）、66 頁。

（234） Ibid.

（235） Ira Berkow, *Maxwell Street: Survival in a Bazaar*, p.438. ただしこのときのグレイは失明したばかりということもあり、すぐさまマックスウェル・ストリートの喧騒に飛び込んでいく、という気にはなれなかったようだ。当初はほとんど道端の一か所に留まり、臆病に過ごしていた、と回想でふり返っている。しかし、この後ギターの演奏を覚えたグレイは、盲目ながらにストリート中を練り歩き、「雑然」の渦中に身を置くようになっていった。

（236）「ブックレット」『マックスウェル・ストリートの伝説 — シカゴ・ブルースの聖地に生きた人々』（P ヴァイン・レコード、2008 年）。

（237） それぞれの時代の路上マーケットには、リゾネーター・ギターをかき鳴らす盲目の路上ミュージシャンであるグレイや、鶏を頭にのせて練り歩く「チキンマン」ケイシー・ジョーンズ（Casey Jones）など、マックスウェル・ストリートの「名物」と呼ばれるような大道芸人たちが存在していた。

（238） LeRoi Jones, *Blues People* (Edinburgh: Payback Press, 1995; c.1963). 翻訳はリロイ・ジョーンズ（飯野友幸訳）『ブルース・ピープル』（音楽之友社、2004 年）。

主要参考文献

一次文献

コレクション

Marcy-Newberry Association Records. Special Collection, Daley Library, University of Illinois at Chicago.

Maxwell Street Civic Improvement Project, Complete Record of Survey and Progress under Supervision of Ira W. Wolfe, 1939. Research Center, Chicago History Museum.

Maxwell Street Photographs by Nathan Lerner. Research Center, Chicago History Museum.

Newberry Avenue Center Photograph Collection. Research Center, Chicago History Museum.

Photographs of Maxwell Street [by Monty La Montaine.] Research Center, Chicago History Museum.

West Side Community Collection 1857-1953. Special Collection, Harold Washington Library Center, Chicago Public Library.

West Side Historical Society Records. Special Collection, Harold Washington Library Center, Chicago Public Library.

新聞

Chicago American. (26 May 1939)

Chicago Daily News. (11 November 1936 - 4 October 1945)

Daily Times (Chicago).（25 May 1939）
Garfieldian (Chicago).（27 May 1937 - 27 March 1941）
Garfield News (Chicago).（19 September 1945）
Midwest News (Chicago).（14 March 1935 - 15 October 1941）
Sunday Times (Chicago).（10 September 1939）
Tribune (Chicago).（9 October 1938 - 18 May 1941）

雑誌・機関誌

Bulletin of the West Side Historical Society.（1936-1939）
Chase House.（1940）
Chicago Merchant.（1939）

国勢調査原典

California. Los Angeles County. 1920 U.S. Census, population schedule. Digital images. Ancestry.com. 2019. http://www.ancestry.com.

Illinois. Cook County. 1900 U.S. Census, population schedule. Digital images. Ancestry.com. 2019. http://www.ancestry.com.

Illinois. Cook County. 1910 U.S. Census, population schedule. Digital images. Ancestry.com. 2019. http://www.ancestry.com.

Illinois. Cook County. 1920 U.S. Census, population schedule. Digital images. Ancestry.com. 2019. http://www.ancestry.com.

Illinois. Cook County. 1930 U.S. Census, population schedule. Digital images. Ancestry.com. 2019. http://www.ancestry.com.

Illinois. Cook County. 1940 U.S. Census, population schedule. Digital images. Ancestry.com. 2019. http://www.ancestry.com.

New Jersey. Hudson County. 1910 U.S. Census, population schedule. Digital images.

Ancestry.com. 2019. http://www.ancestry.com.

Pennsylvania. Lehigh County. 1900 U.S. Census, population schedule. Digital images. Ancestry.com. 2019. http://www.ancestry.com.

その他

Allen, Frederick Lewis. *Since Yesterday: The 1930s in America*. New York: Perennial Library, 1972; c1940.

Burgess, Ernest Watson, and Charles Newcomb, eds. *Census Data of the City of Chicago, 1920.* Chicago: The University of Chicago Press, 1931.

Burgess, Ernest Watson, and Charles Newcomb, eds. *Census Data of the City of Chicago, 1930.* Chicago: The University of Chicago Press, 1933.

Hauser, Philip M., and Evelyn M. Kitagawa, eds. *Local Community Fact Book, 1950.* Chicago: Chicago Community Inventory, 1953.

Thompson, Warren E., ed. *Adventures in Religion*. Chicago: The Chicago Congregational Union, 1936.

Wirth, Louis, and Margaret Furez, eds. *Local Community Fact Book, 1938*. Chicago: The Chicago Recreation Commission, 1938.

二次文献

Baldwin, Davarian L. *Chicago's New Negroes*. Chapel Hill: The University of North Carolina Press, 2007.

Barrett, James R. *Work and Community in The Jungle: Chicago's Packinghouse Workers, 1894-1922*. Urbana: University of Illinois Press. 1987.

Berkow, Ira. *Maxwell Street: Survival in a Bazaar.* Garden City, N.Y.: Doubleday, 1977.

Drake, St. Clair, and Horace R. Cayton. *Black Metropolis: A Study of Negro Life in a Northern City*. Chicago: University of Chicago Press, 1993; c1945.

Eastwood, Carolyn. *Chicago's Jewish Street Peddlers*. Chicago: Chicago Jewish Historical Society, 1991.

———. *Near West Side Stories: Struggles for Community in Chicago's Maxwell Street Neighborhood.* Chicago: Lake Claremont Press, 2002.

Eshel, Shuli, and Roger Schatz. Je*wish Maxwell Street Stories*. Charleston: Arcadia, 2004.

Franklin, John Hope. *From Slavery to Freedom: A History of American Negros*. New York: A.A. Knopf, 1947.

Glanz, Rudolf. *Jew and Italian: Historic Group Relations and The New Immigration (1881-1924)*. New York:Shulsinger Brothers, 1971.

Grossman, James R. *Land of Hope: Chicago, Black Southerners, and The Great Migration*. Chicago: University of Chicago Press, 1989.

Grove, Lori, and Laura Kamedulski. *Chicago's Maxwell Street*. Charleston, SC: Arcadia, c2002.

Guglielmo, Thomas A. *White on Arrival: Italians, Race, Color, and Power in Chicago, 1890-1945*. New York: Oxford University Press, 2003.

Hirsch, Arnold R. *Making The Second Ghetto: Race and Housing in Chicago, 1940-1960*. Cambridge;New York: Cambridge University Press, 1983.

Jackson, Jerma A. *Singing in My Soul: Black Gospel Music in a Secular Age.* Chapel Hill: University of North Carolina Press, 2004.

Jones, LeRoi. *Blues People.* Edinburgh: Payback Press, 1995; c.1963.

Lerner, Nathan. *Nathan Lerner's Maxwell Street*. University of Iowa Museum of Art: First Edition edition, 1993.

McCaffrey, Lawrence J. *The Irish in Chicago*. Urbana: University of Illinois Press, 1987.

Nelli, Hmbert S. *Italians in Chicago, 1880-1930; A Study in Ethnic Mobility*. New York: Oxford University Press, 1970.

Palazzolo, Tom. *At Maxwell Street: Chicago's Historic Marketplace Recalled in Words and Photographs*. River Forest, Ill.: Wicker Park Press, c2008.

Philpott, Thomas Lee. *The Slum and The Ghetto: Neighborhood Deterioration and*

Middle-class Reform, Chicago, 1880-1930. New York: Oxford University Press, 1978.

Reed, Christopher Robert. "Beyond Chicago's Black Metropolis: A History of the West Side's First Century, 1837-1940." *Journal of the Illinois State Historical Society* 92, no. 2（1999): 119-149.

———. *The Depression Comes to The South Side: Protest and Politics in The Black Metropolis, 1930-1933*. Bloomington, IN: Indiana University Press, 2011.

———. *The Rise of Chicago's Black Metropolis, 1920-1929*. Urbana: University of Illinois Press, 2011.

Seligman, Amanda I. *Block by Block: Neighborhoods and Public Policy on Chicago's West Side*. Chicago: University of Chicago Press, 2005.

Spear, Allan H. *Black Chicago: The Making of a Negro Ghetto, 1890-1920*. Chicago: University of Chicago Press, 1967.

Whyte, William F. *Street Corner Society: The Social Structure of an Italian Slum*. Chicago: University of Chicago Press, 1943.

アレン、F･L（藤久ミネ訳）『シンス・イエスタデイ―― 1930 年代・アメリカ』筑摩書房、1990 年。

小川さやか『都市を生きぬくための狡知――タンザニアの零細商人マチンガの民族誌』世界思想社、2011 年。

河内信幸『ニューディール体制論――大恐慌下のアメリカ社会』学術出版会、2005 年。

川瀬慈『ストリートの精霊たち』世界思想社、2018 年。

猿谷要『アメリカ黒人解放史』サイマル出版会、1968 年。

ジョーンズ、リロイ（飯野友幸訳）『ブルース・ピープル』音楽之友社、2004 年。

関根康正「『ストリート人類学』の目標と射程」『国立民族学博物館調査報告』第 80 巻（2009 年）: 15-19。

竹中興慈『シカゴ黒人ゲトー成立の社会史』明石書店、1995 年。

中野耕太郎「パブリック・スクールにおける移民の母語教育運動 ――20 世紀初頭のシカゴ」『アメリカ史研究』第 23 号（2000 年）: 27-42。

―――「衝撃都市からゾーン都市へ―― 20 世紀シカゴの都市改革再考」『史林』

第 95 巻（第 1 号）（2012 年）：209-246。

———『20 世紀アメリカ国民秩序の形成』名古屋大学出版会、2015 年。

二宮宏之『全体を見る眼と歴史家たち』平凡社、1995 年。

——— 編『結びあうかたち――ソシアビリテ論の射程』山川出版社、1995 年。

橋本倫史『市場界隈 —— 那覇市第一牧志市場界隈の人々』本の雑誌社、2019 年。

樋口映美『アメリカ黒人と北部産業――戦間期における人種意識の形成』彩流社、1997 年。

——— 編『流動する〈黒人〉コミュニティ――アメリカ史を問う』彩流社、2012 年。

———、貴堂嘉之、日暮美奈子編『〈近代規範〉の社会史――都市・身体・国家』彩流社、2013 年。

ブルーア、ジョン（水田大紀訳）「ミクロヒストリーと日常生活の歴史」『パブリック・ヒストリー』第 2 号（2005 年）：19-37。

本田創造『アメリカ黒人の歴史』岩波書店、1964 年。

南川文里「リトルトーキョーの再建？――再定住期におけるコミュニティと人種間協調主義」『アメリカ研究』第 43 号（2009 年）：135-153。

南修平『アメリカを創る男たち――ニューヨーク建設労働者の生活世界と「愛国主義」』名古屋大学出版会、2015 年。

安田常雄「方法としての同時代史」歴史学研究会編『歴史学のアクチュアリティ』東京大学出版会、2013 年：43-64。

———「『生活者』の原像と方法のあいだで」『現代思想』第 44 巻第 16 号（2016 年）：87-93。

レヴィンジャー、ラビ・リー・J（邦高忠二、稲田武彦訳）『アメリカ合衆国とユダヤ人の出会い』創樹社、1997 年。

図版出典

図 1-1　シカゴの移民居住分布および黒人居住分布（1930 年）
出典：Thomas Lee Philpott, *The Slum and The Ghetto: Neighborhood Deterioration and Middle-class Reform, Chicago, 1880-1930* (New York: Oxford University Press, 1978), p. 142 より作成。
図 1-2　マックスウェル・ストリート周辺区域の位置詳細
出典：Louis Wirth and Margaret Furez, eds., *Local Community Fact Book, 1938* (Chicago: The Chicago Recreation Commission, 1938) より作成。
図 1-3　ウエストサイドにおけるロシア系移民の居住分布（1920 年）
出典：Ernest Watson Burgess and Charles Newcomb, eds., *Census Data of the City of Chicago, 1920* (Chicago: The University of Chicago Press, 1931), pp. 630-631.
図 1-4　ウエストサイドにおけるイタリア系移民の居住分布（1920 年）
出典：Ernest Watson Burgess and Charles Newcomb, eds., *Census Data of the City of Chicago, 1920* (Chicago: The University of Chicago Press, 1931), pp. 620-621.
図 1-5　ウエストサイドにおけるリトアニア系移民の居住分布（1920 年）
出典：Ernest Watson Burgess and Charles Newcomb, eds., *Census Data of the City of Chicago, 1920* (Chicago: The University of Chicago Press, 1931), pp. 624-625.
図 1-6　ウエストサイドにおけるロシア系移民の居住分布（1930 年）
出典：Ernest Watson Burgess and Charles Newcomb, eds., *Census Data of the City of Chicago, 1930* (Chicago: The University of Chicago Press, 1933), pp. 684-685.
図 3-1　サウスサイドにおける黒人居住区の拡大とパール一家の移動
図 3-1a　1910 年時点の黒人居住区とパール宅
出典：The Chicago Commission on Race Relations, *The Negro in Chicago: A Study of Race Relations and a Race Riot* (Chicago: University of Chicago Press, 1922; reprint, Charleston: Nabu Press, 2010), p. 116 より作成。
図 3-1b　1920 年時点の黒人居住区とパール宅
出典：Ernest Watson Burgess and Charles Newcomb, eds., *Census Data of the City of*

Chicago, 1920 (Chicago: The University of Chicago Press, 1931), pp. 626-627 より作成。

図 3-1c　1930 年時点の黒人居住区とパール宅

出典：Ernest Watson Burgess and Charles Newcomb, eds., *Census Data of the City of Chicago, 1930* (Chicago: The University of Chicago Press, 1933), pp. 680-681 より作成。

図 3-1d　黒人居住区とパール宅の推移

出典：Thomas Lee Philpott, *The Slum and The Ghetto: Neighborhood Deterioration and Middle-class Reform, Chicago, 1880-1930* (New York: Oxford University Press, 1978), p. 134 より作成。

図 3-2　シカゴの市内鉄道路線とパールの生活圏

出典："CTA Surface System History Presented by The Illinois Railway Museum," Illinois Railway Museum, accessed 16 May 2019, http://irm-cta.org/RouteMaps/PreCTA/PreCTA.html より作成。

図 3-3　マックスウェル・ストリート商人協会が打ち出した新路上マーケットの構想図①（1939 年 5 月）

出典：Meyer Zolotareff, "Maxwell St.'s New Colors: Orange and Blue," *Chicago American*, 26 May 1939.

図 3-4　マックスウェル・ストリート商人協会が打ち出した新路上マーケットの構想図②（1939 年 5 月）

出典："Artist's Conception of Plans for Beautifying Maxwell Street," *Chicago Daily News*, 31 May 1939.